写给孩子的手绘

山海经

鱼鸟篇

张芳 主编

东北师范大学出版社
NORTHEAST NORMAL UNIVERSITY PRESS

前言

　　《山海经》是中国上古文化的珍品，被誉为"天下第一奇书"。它记载了近5000种鸟兽虫鱼、神仙精怪、奇花异草、金石矿物、山川河海、宇宙星辰以及异国奇闻，开创了中国古代图文叙事的先河。

　　由于《山海经》是一部古籍，孩子们理解起来并不容易，所以我们在原文的基础上，编写了这套《写给孩子的手绘山海经》。本套书包括鱼鸟、异人、神兽、神话四部分，选取《山海经》中的相关段落，对鱼鸟的特异功能和异人、异兽的外貌，以及涉及的神话故事等进行了详细描述。

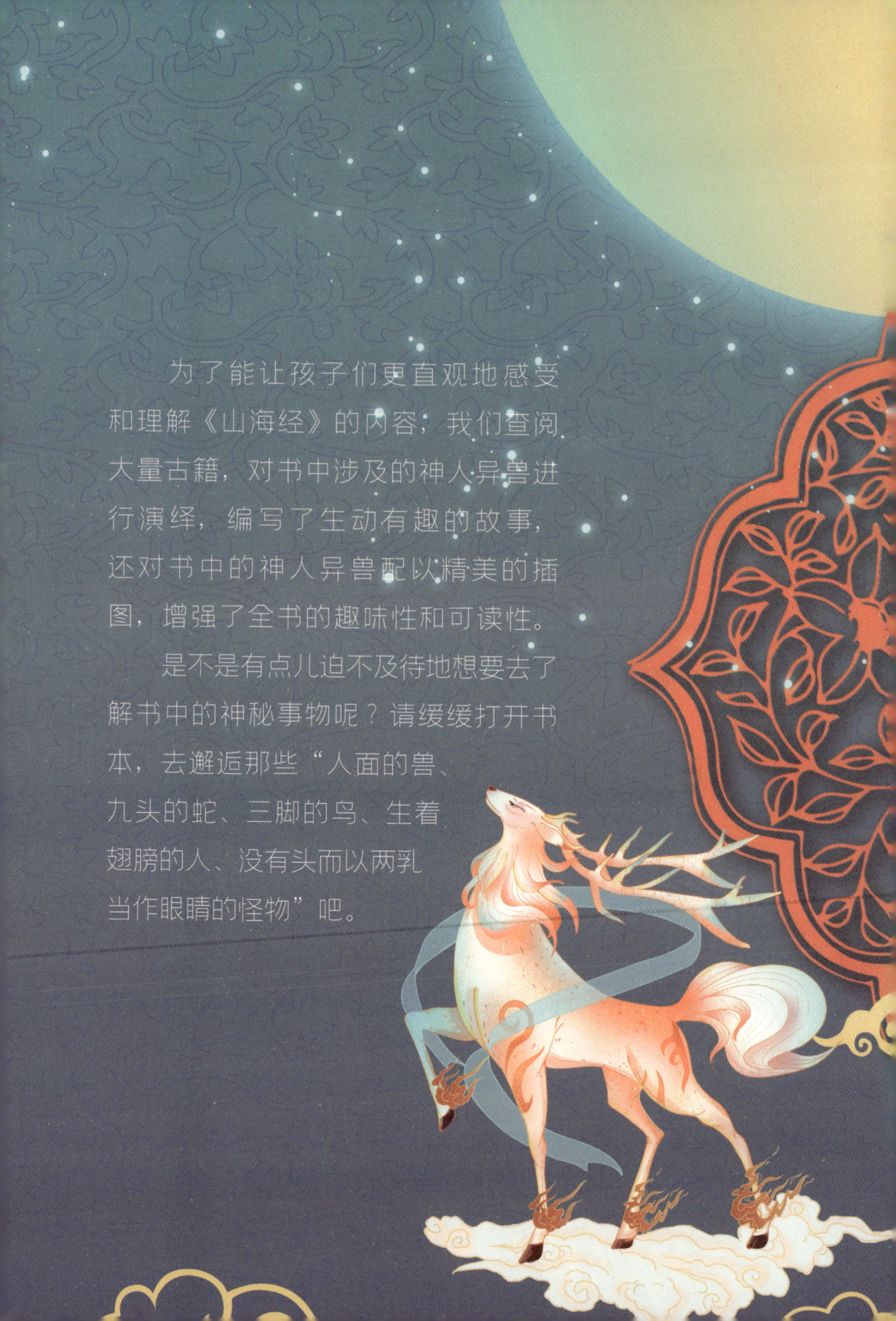

为了能让孩子们更直观地感受和理解《山海经》的内容，我们查阅大量古籍，对书中涉及的神人异兽进行演绎，编写了生动有趣的故事，还对书中的神人异兽配以精美的插图，增强了全书的趣味性和可读性。

是不是有点儿迫不及待地想要去了解书中的神秘事物呢？请缓缓打开书本，去邂逅那些"人面的兽、九头的蛇、三脚的鸟、生着翅膀的人、没有头而以两乳当作眼睛的怪物"吧。

南山经

- 旋龟 2
- 鲑 6
- 蛊雕 9
- 瞿如 12
- 虎蛟 16
- 凤皇 20
- 鲭鱼 23
- 颙 26

西山经

- 鸱渠 29
- 肥螈 32
- 鴖 36
- 数斯 39
- 鹦 42
- 鸾鸟 45
- 凫徯 49
- 蛮蛮鸟 52
- 鸱鸟 56
- 文鳐鱼 59
- 钦原 62
- 毕方 65
- 鸱 69

鸰鵼 ……	72
冉遗鱼 ……	75
蠃鱼 ……	78
人面鸮 ……	81

北山经

儵鱼 ……	84
何罗鱼 ……	87
鸐 ……	90
白䳃 ……	93
㯉斯 ……	96
鰼鱼 ……	99
鲐鱼 ……	102
鹛鹛 ……	106
象蛇 ……	109
酸与 ……	112
黄鸟 ……	115
人鱼 ……	118

东山经

蚩鼠 ……	121
鲐鲐鱼 ……	124
𩿤雀 ……	127
鹫鹕 ……	130

中山经

絮鉤	133
鸣蛇	136
化蛇	139
鴢鸚	143
鲥鱼	146
跂踵	148
鸩	151

北山经

西北 北 东北
西 东
西南 东南
南

西山经 中山经 东山经

大荒

海内
南山经
海外

南山经

旋龟

怪水出焉,而东流注于宪翼之水。其中多玄龟,其状如龟而鸟首虺(huǐ)①尾,其名曰旋龟,其音如判木,佩之不聋,可以为②底③。

译文

怪水从这座山发源,然后向东流入宪翼水。水中有众多暗红色的龟,形貌像普通乌龟却长着鸟一样的头和蛇一样的尾巴,名字叫旋龟,它的叫声像劈开木头时发出的响声,佩戴上它就能治疗耳聋,还可以治愈脚底老茧。

注释

①虺:毒蛇。

②为:治理。这里是医治、治疗的意思。

③底:这里与"胝"意思相同,就是手掌或脚底因长期摩擦而生的厚皮,俗称"老茧"。

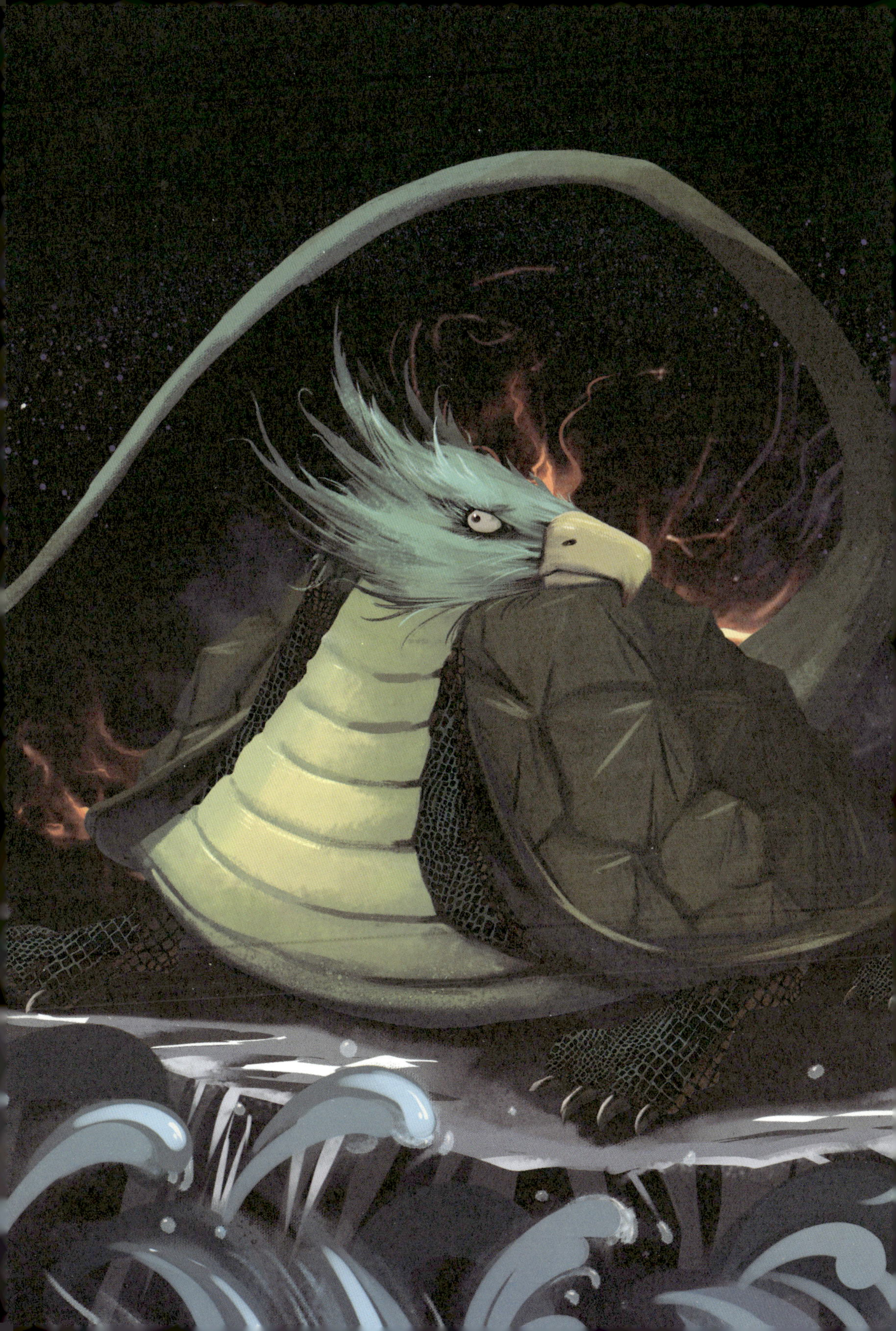

善良的旋龟

有一年，大地上闹起了饥荒。许多灾民在家乡找不到食物，只好拖家带口地向南方迁徙，希望能找到新的地方重建家园。他们走着走着，被一条大河拦住了去路。

这是一条叫怪水的河，河面很宽，河里浊浪翻滚，十分危险，普通的船只根本无法渡河。眼看着茂密的森林就在对面，灾民们却无法渡河，只得暂时在岸边安顿下来，寻求渡河的办法。

一连几天过去了，灾民们把岸边的草根都挖出来吃掉了，一个个饿得头晕眼花，还是没找到渡河的办法。

有人说道："对面就是森林，森林里一定有很多动物和果实。咱们只要过了河，就不用饿肚子了！不如拼一把，游过去！"

这番话引起了大家的共鸣。有个胆子大的年轻人当真走到岸边，小心翼翼地下了水。没承想他一下水，就被一个大浪头卷了进去。

众人眼睁睁看着一条年轻的生命被河水吞噬，都痛哭起来："看来咱们都要饿死在这里了。"

就在众人伤心欲绝的时候，只见一只巨大的乌龟缓缓浮出水面，它背上驮着的正是那位落水的年轻人。

年轻人站在乌龟背上，兴奋地冲大家招手："这只乌龟愿意送咱们过河，快点儿上来吧！"

只见这乌龟巨大无比，长着鸟的头，身后拖着一条像蛇一样的尾巴。它冲众人点了点头，眼神里都是善意。

众人互相搀扶着爬上了乌龟背。这龟背上无比宽阔，足足能容纳几十个人。有人光脚踩在龟背上，惊讶地叫道："我脚上的老茧都没了，变得真光滑。"

有个老人笑道："这是传说中的旋龟。它的龟壳能治脚上的老茧，取下它的龟壳佩戴，还能治耳聋呢。"

旋龟稳稳地将众人送到对岸，随后就沉入水中不见了。

人们在这片广袤肥沃的森林里安居下来。后来，这里逐渐形成了一个繁荣的村落。人们没有忘记旋龟的恩德，常常在岸边供奉鲜肉瓜果，而旋龟却再也没有出现。

南山经

鯥

又东三百里，曰柢（dǐ）山，多水，无草木。有鱼焉，其状如牛，陵居，蛇尾有翼，其羽在魼（qū）下①，其音如留牛②，其名曰鯥（lù），冬死③而夏生，食之无肿疾④。

译文

再往东三百里，有座柢山，山间多水流，没有花草树木。有一种鱼，形貌像牛，栖息在山坡上，长着蛇一样的尾巴并且有翅膀，而翅膀长在肋骨上，鸣叫的声音像犁牛，名字叫鯥，冬天蛰伏而夏天复苏，吃了它的肉就能使人不患痈肿疾病。

注释

①魼：即"胠"的同声假借字，指腋下腰上的部分。

②留牛：可能是犁牛，犁牛身上的纹理像老虎的斑纹。

③冬死：指冬眠，也叫冬蛰。一些动物在过冬时处于昏睡不动的状态，好像死了一般。

④肿疾：一种皮肤和皮下组织的化脓性炎症。

爱打洞的蛇尾鱼

在杻阳山东面三百里的地方，有一座柢山。这座山上水流密布，到处都是流淌的小溪。神奇的是，山上却连一棵植物也没有，到处都是光秃秃的石头，没有半点儿土壤。

山下的水源匮乏，村民们每天都得去很远的地方挑水吃，以及用来浇灌田地。

一位少年奇怪地问："我们为什么不在山上开凿一条河道，把山上的溪水引下来呢？"村民说："我们当然试过，可山上的石头太坚硬了，我们根本挖不动。"

少年扛着锄头上山去了。可是石头太坚硬了，少年的锄头都坏了，也没能把石头凿开。少年毫不气馁，他每天一大早就扛着锄头上山，到太阳下山时才回家。这样一天天过去，只剩下一块最坚硬的大石头拦在山脚。

这一天早上，当少年再次来到山上时，神奇的一幕发生了。一条长着翅膀的怪鱼正钻在大石头里。这条鱼浑身布满鳞片，形貌如牛，长着一条蛇一样的尾巴。只见它不停地刨着，那块大石头很快就被钻开了一个大口子，清澈的河水哗啦啦地从石头缝里往山下流，没多久，就汇成了一条河。而那条怪鱼，也转身钻进了草丛里。

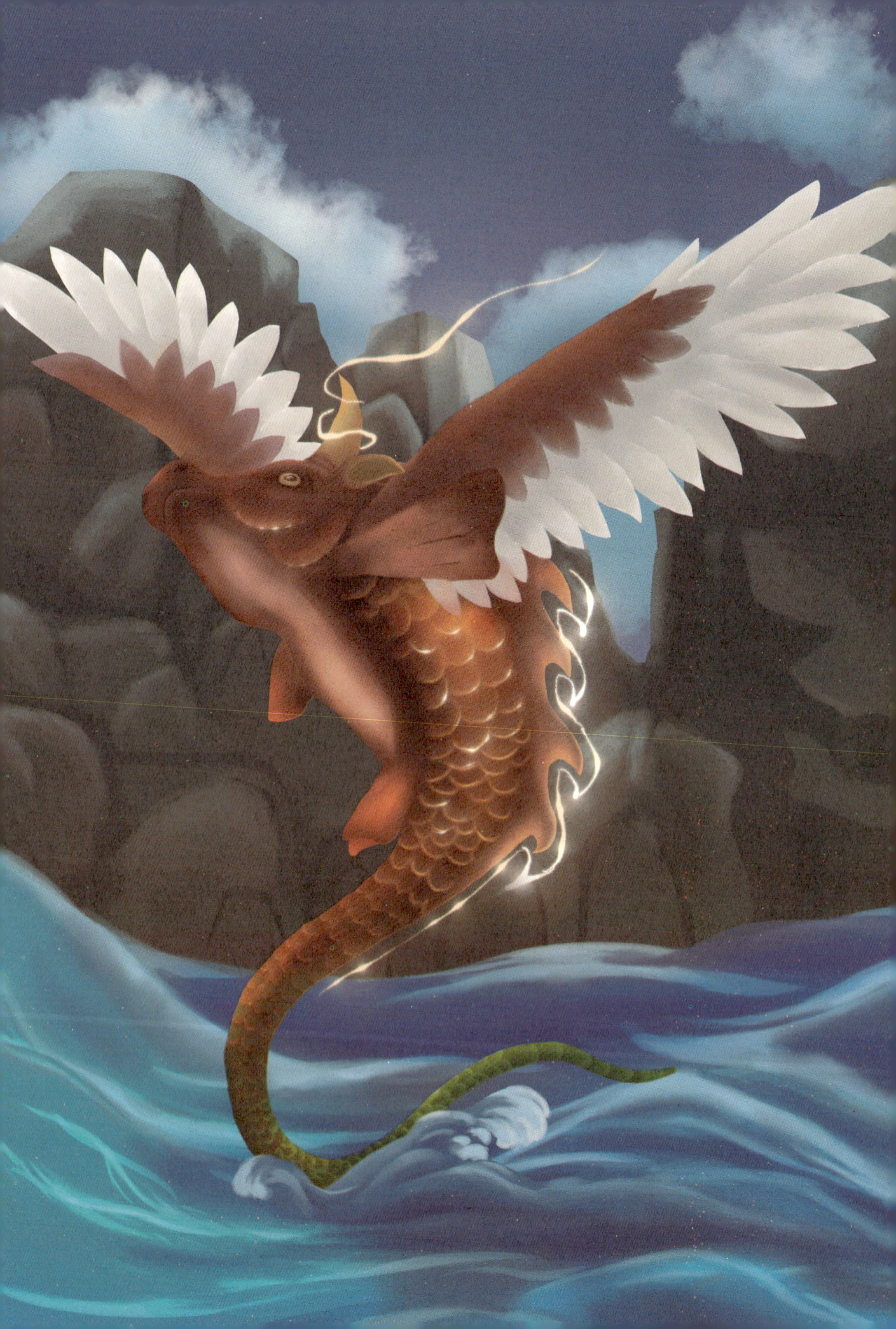

南山经

蛊雕

又东五百里，曰鹿吴之山，上无草木，多金石①。泽更之水出焉，而南流注于滂（pāng）水②。水有兽焉，名曰蛊（gǔ）雕，其状如雕而有角，其音如婴儿之音，是食人。

译文

再往东五百里，有座鹿吴山，山上没有花草树木，但有丰富的金属矿物和玉石。泽更水从这座山发源，然后向南流入滂水。水中有一种野兽，名字叫蛊雕，形貌像普通的雕却头上长角，发出的声音如同婴儿啼哭，是能吃人的。

注释

①金石：金属矿物和玉石。
②滂水：传说中的河流名称。

吃人的蛊雕

在南方有一座鹿吴山，山上寸草不生，到处都是珍贵的玉石和银矿。山下的村民守着这样一座宝山，却仍过着贫苦的日子。

人们为什么不上山采玉呢？少年不止一次问过父亲这个问题。父亲每次都告诫他："山上有吃人的怪物，你千万不准上山！水里也有怪物，你不准下水！"

这里的田地贫瘠，哪怕父亲再辛苦地耕作，每年的收成也不够全家人填饱肚子。少年受够了这种贫困的日子，暗暗发誓一定要杀死山上的怪物，好让大家都过上好日子。

日子一天天过去，少年也长成了英姿飒爽的青年。这一天早上，他背起弓箭，朝山上出发了。

青年沿着山坡往上爬，忽然听见了一阵婴儿的啼哭声。这四周荒无人烟，哪里来的婴儿？青年心中警惕起来。

只听见扑刺刺一声，一只怪兽迎面扑来，嘴里发出婴儿般的啼哭声，锋利的尖爪抓向青年的眼睛。青年敏捷地往后一跃，快速搭上弓，一箭就射穿了怪物的脖子。

杀死怪物后，青年四下环顾，发现漫山遍野都是闪

鱼鸟篇

着光芒的玉石，还有大块大块的银矿石。后来，青年背着玉石和怪物的尸体来到集市上。有见多识广的人认出这就是吃人的蛊雕。青年带来的玉石也卖了一大笔钱，从此青年和村民们过上了富足安定的日子。

南山经

瞿如

东五百里,曰祷过之山,其上多金玉,其下多犀(xī)①、兕(sì)②,多象。有鸟焉,其状如䴔(jiāo)③而白首、三足、人面,其名曰瞿(qú)如,其鸣自号也。

译文

再往东五百里,有座祷过山,山上盛产金属矿物和玉石,山下到处是犀、兕,还有很多大象。山中有一种鸟,形貌像䴔却是白色的脑袋,长着三只脚和人一样的脸,名字叫瞿如,它的鸣叫声就是自身名字的读音。

注释

①犀:据古人说,犀的身子像水牛,头像猪头,蹄子好似象的蹄子,皮毛呈黑色,生有三只角,一只长在头顶上,一只长在前额上,一只长在鼻子上。它生性爱吃荆棘,往往因刺破嘴而口吐血沫。

②兕:据古人说,兕的身子也像水牛,皮毛呈青色,生有一只角,身体很重,大的有三千斤。

③鴒：传说中的一种鸟，样子像雌野鸡而小一些，脚长在接近尾巴的部位。

会唱歌的瞿如

祷过山盛产玉石和金属矿物，因此住在山下的人都过着富足安逸的生活。在山下的村子里，住着爷孙俩，小孩常常缠着爷爷讲故事。

爷爷摇着蒲扇道："那我给你讲一个瞿如的故事吧。"

小孩问道："瞿如，那是什么？"

爷爷道："瞿如是一种神鸟，它长着人的脸，脑袋是白色的，还有三只脚。它跑起来的时候，三只脚就轮流用。瞿如出现在哪里，说明哪里有玉石。当人们在挖玉石的时候，瞿如还会好奇地在旁边看着，唱着歌。因为它的叫声就是'瞿如瞿如'的，所以大家都叫它瞿如。"

小孩哈哈大笑起来："爷爷您骗人，我跟您进山干活的时候，从没见过这种鸟。"爷爷叹口气："从前瞿如和人们的关系是很好的。可是后来有玉工起了坏心思，他们想，如果抓了瞿如卖给有钱人，岂不是比辛辛苦苦挖玉石赚钱更快？"

小孩"啊"了一声，生气道："那些人太坏了！瞿

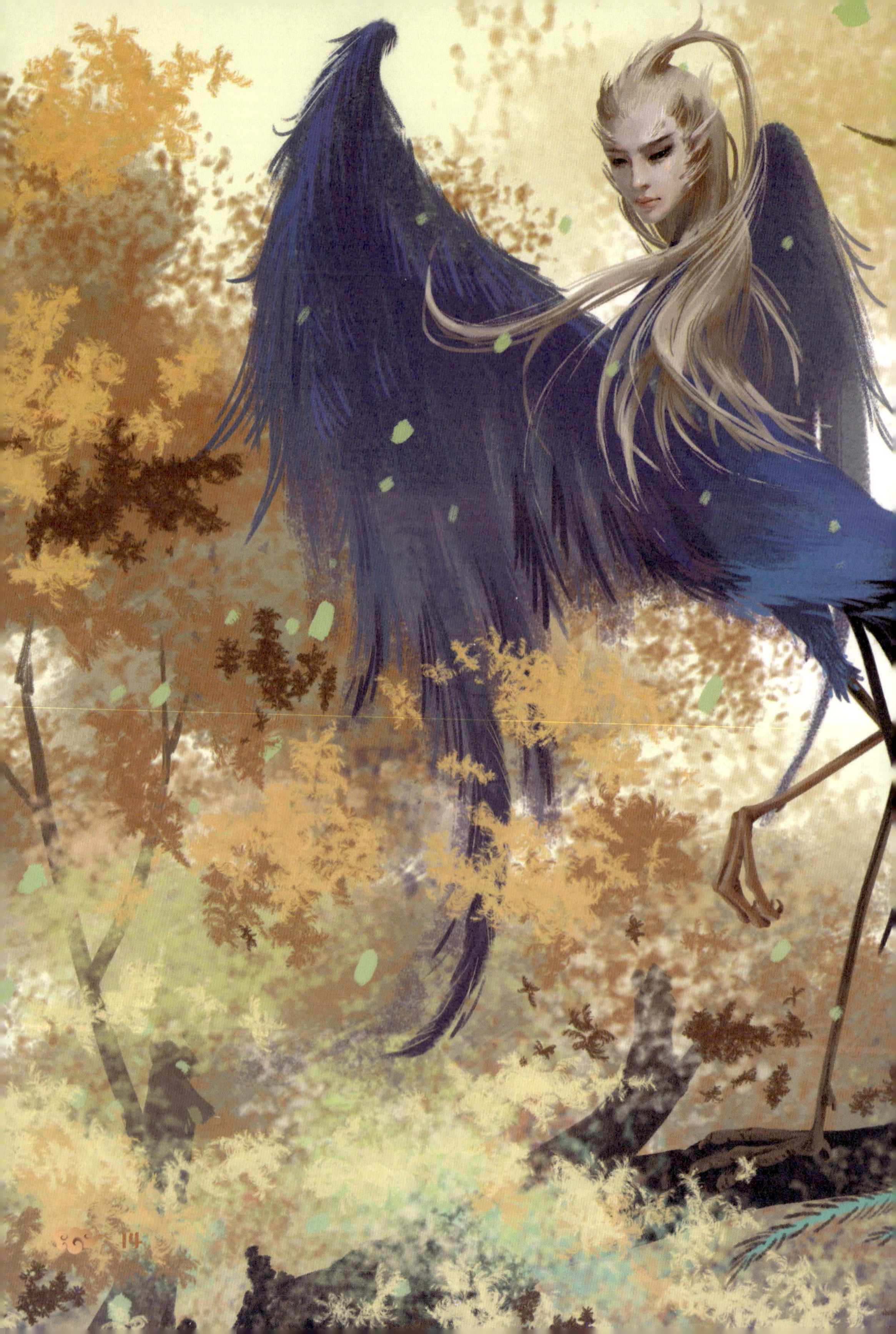

如帮助他们找到了玉石，他们怎么能反过来抓它呢？"

爷爷摸摸小孩的脑袋，安慰道："放心吧。瞿如好像能读懂人的心思，那些人还没动手，瞿如就飞走了。只是从那以后，瞿如就再也没有出现过。"

听完这个故事，小孩若有所思地望着山的方向。爷爷摇着蒲扇打着盹儿，好像在怀念瞿如的歌声。

南山经

虎蛟

浿（yín）水出焉，而南流注于海。其中有虎蛟①，其状鱼身而蛇尾，其音如鸳鸯，食者不肿，可以已痔（zhì）②。

译文

浿水从这座山发源，然后向南流入大海。水中有一种虎蛟，长着像普通鱼的身子，却拖着一条蛇的尾巴，它的叫声如同鸳鸯，吃了它的肉就能使人不生痈肿病，还可以治愈痔疮。

注释

① 虎蛟：传说中龙的一个种类。
② 痔：痔疮。

能治痈肿病的虎蛟

在很久很久以前，祷过山下有个繁华的小镇，小镇的人们过着安居乐业的日子。

有一天，附近的村镇忽然暴发了疫病：患上这种疫病的人肚子和四肢都会肿胀起来，如果得不到及时的治疗，就会痛苦地死去。

疫情很快就传到了祷过山下的小镇上。当地的大夫对这种病束手无策。而官兵为了不让疫病传播出去，还封锁了小镇。

人们慌乱不已："这是要让我们自生自灭啊！"

"难道我们将命绝于此了吗？"

眼看着得痈肿病的人越来越多，死亡的气氛笼罩在小镇上空。就在人们陷入绝望之际，有个老人站了出来，说："传说在泿水中有一种虎蛟，人吃了，痈肿病就能痊愈。"

有人质疑道："这种传说根本没有根据。"也有人道："反正现在也没有大夫来给我们看病，还不如冒险试一试。"

于是，大家选出几个身强体壮的年轻人，一起向泿水出发了。这几个年轻人赶到泿水，居然真的看见了虎蛟——它们长着普通鱼的身子，尾巴像蛇，叫声像鸳鸯一样。

他们带着虎蛟回到镇上。病人们吃了虎蛟的肉后，肿胀的肚子和四肢很快就消肿了，身体又恢复了健康。更神奇的是，有几个病人的痔疮也不治而愈。

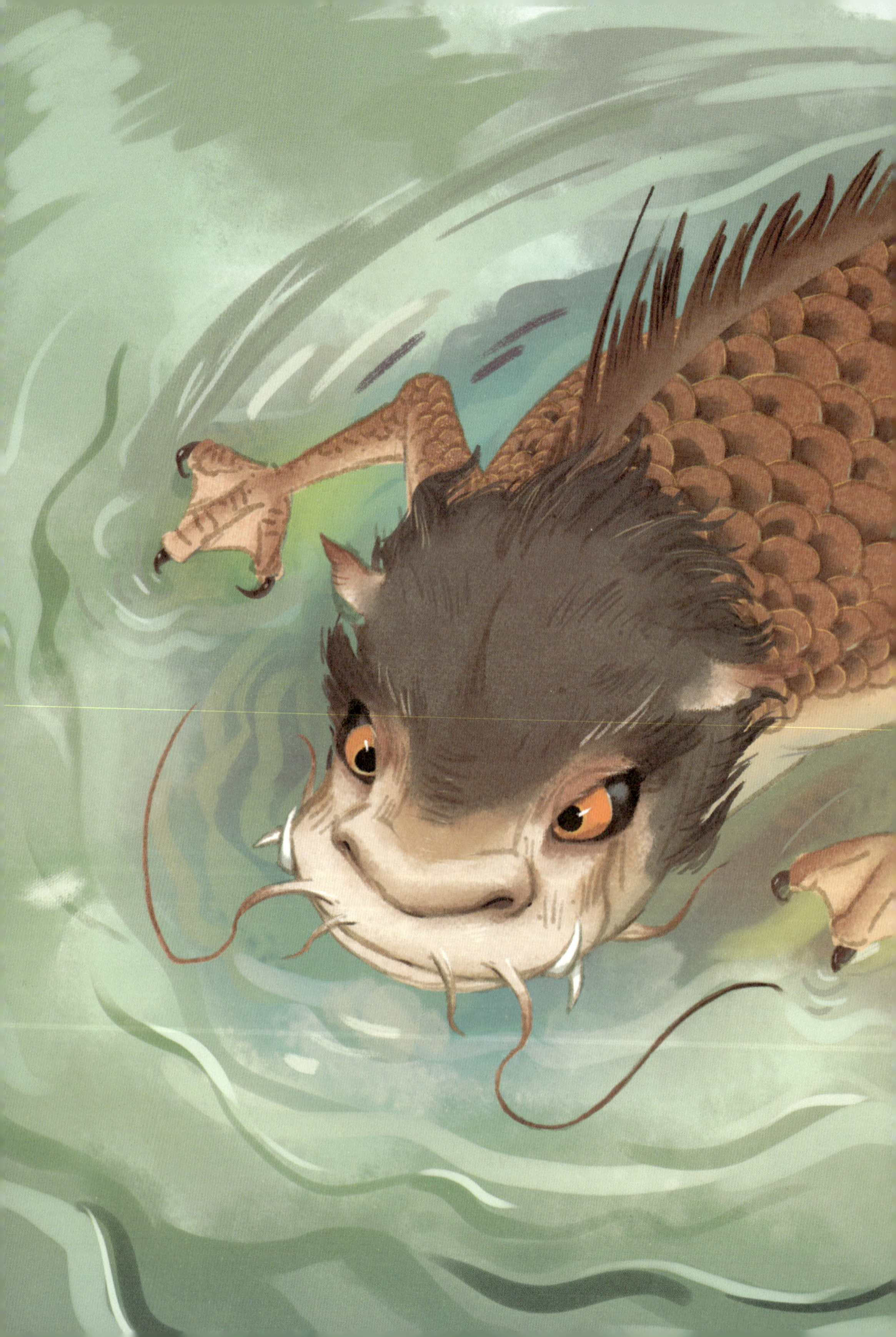

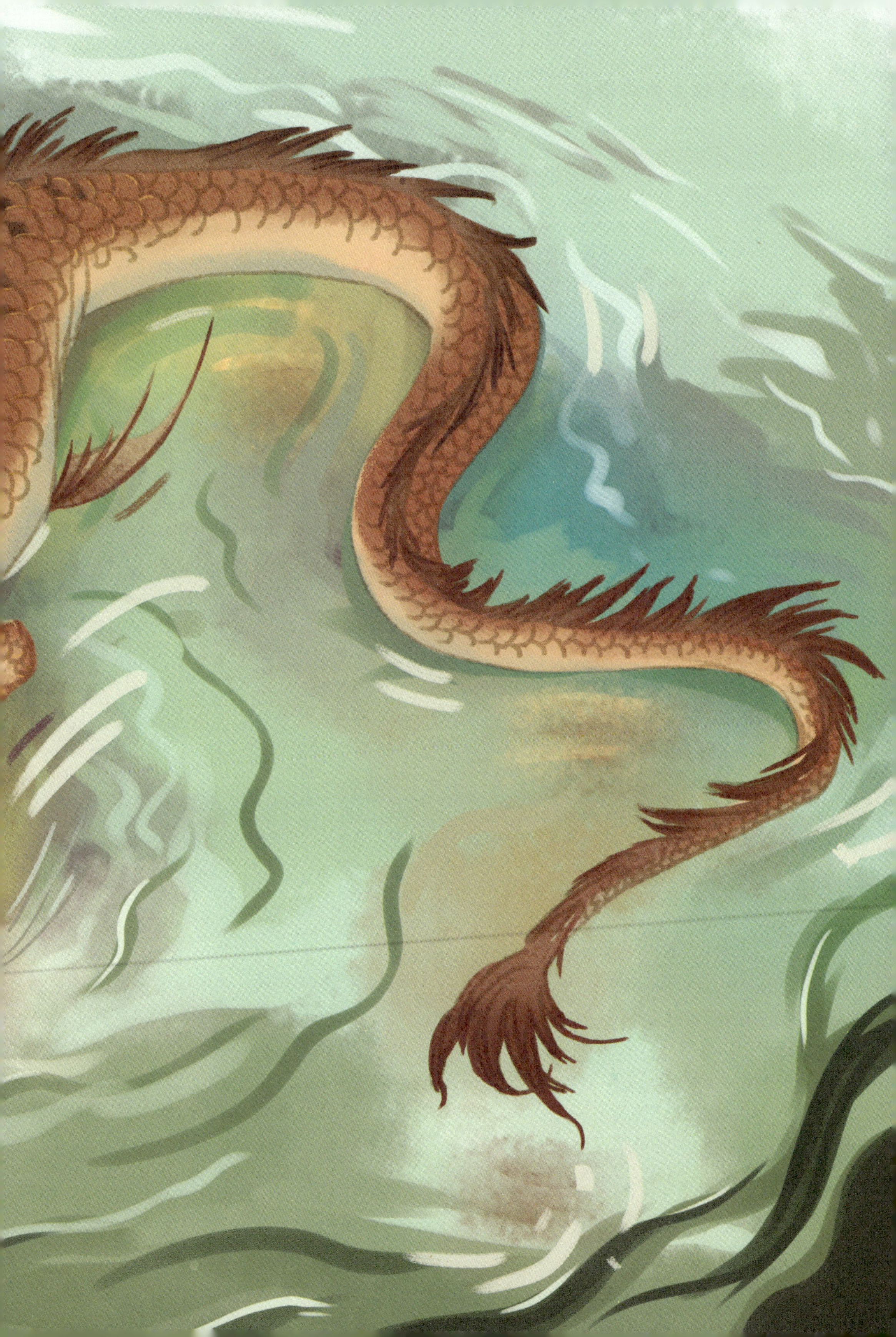

南山经

凤皇

又东五百里，曰丹穴之山，其上多金玉。丹水出焉，而南流注于渤海。有鸟焉，其状如鸡，五采而文，名曰凤皇①，首文曰德，翼文曰义，背文曰礼，膺（yīng）②文曰仁，腹文曰信。是鸟也，饮食自然，自歌自舞，见则天下安宁。

译文

再往东五百里，有座丹穴山，山上盛产金属矿物和玉石。丹水从这座山发源，然后向南流入渤海。山中有一种鸟，形貌像普通的鸡，全身上下是五彩羽毛，名字叫凤皇，它头上的花纹是"德"字的形状，翅膀上的花纹是"义"字的形状，背部的花纹是"礼"字的形状，胸部的花纹是"仁"字的形状，腹部的花纹是"信"字的形状。这种叫作凤皇的鸟，吃喝时自然从容，常常是边唱边舞，它一出现天下就会太平。

注释

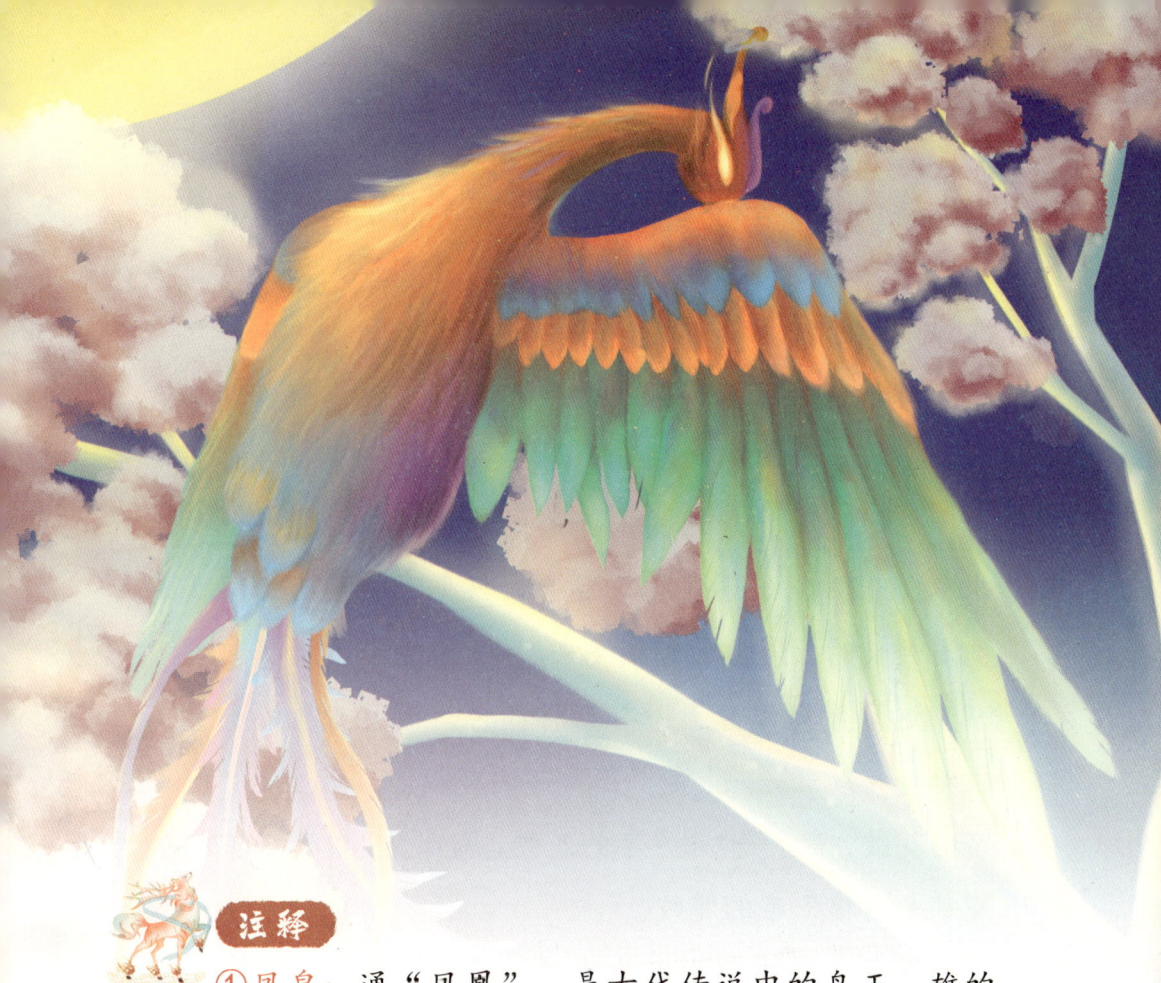

①凤皇：通"凤凰"，是古代传说中的鸟王。雄的叫"凤"，雌的叫"凰"。

②膺：胸。

带来和平的鸟

传说尧帝在位后期，选了舜做自己的继承人。尧帝的长子丹朱十分不服气，便率领三苗部落发动了叛乱。

尧帝亲自率军出征，暂时平定了丹朱的叛乱。可是丹朱十分骁勇善战，他率领的一群山精水怪个个都能呼风唤雨，手下的三苗士兵也个个勇猛彪悍，因此天下常常烽烟不断。

舜继任帝位后，丹朱仍然不服气，又率领部队前去挑衅。战场上硝烟弥漫，眼看着一场大战又将开始。

这时，天上忽然放出五彩的光芒，还有隐隐约约的乐声，士兵们忍不住抬头看去。只见半空中有一只大鸟拖着长长的五彩尾羽翩翩飞来。

这只大鸟浑身上下有五种颜色，而且身上不同的部位都有花纹——头上是"德"字的花纹，翅膀上是"义"字的花纹，背上是"礼"字的花纹，胸部是"仁"字的花纹，腹部是"信"字的花纹。

这只大鸟在空中盘旋飞舞，发出动听的叫声。士兵们只觉得心中的戾气都随之消散了，不由得纷纷放下了武器。

而丹朱认出了那鸟儿，正是传说中的凤凰！丹朱想："传说中凤凰出现，代表着帝王有德，天下太平。看来舜是上天认定的帝王啊。"

丹朱想到这里，终于认可了舜。于是他率领部队回到三苗，从此安安心心当了三苗的首领。

南山经

鲑鱼

又东五百里，曰鸡山，其上多金，其下多丹䪖（huò）①。黑水出焉，而南流注于海。其中有鲑鱼，其状如鲋（fù）②而彘（zhì）③毛，其音如豚（tún）④，见则天下大旱。

译文

再往东五百里，有座鸡山，山上有丰富的金属矿物，山下盛产丹䪖。黑水从这座山发源，然后向南流入大海。水中有一种鱼，叫作鲑鱼，它的形貌像鲫鱼却长着猪毛，发出的声音如同小猪叫，它一出现天下就会大旱。

注释

① 䪖：指红色或青色的可做颜料的矿物。

② 鲋：今鲫鱼，体侧扁，稍高，背部呈青褐色，腹面呈银灰色。

③ 彘：猪。

④ 豚：小猪。也泛指猪。

23

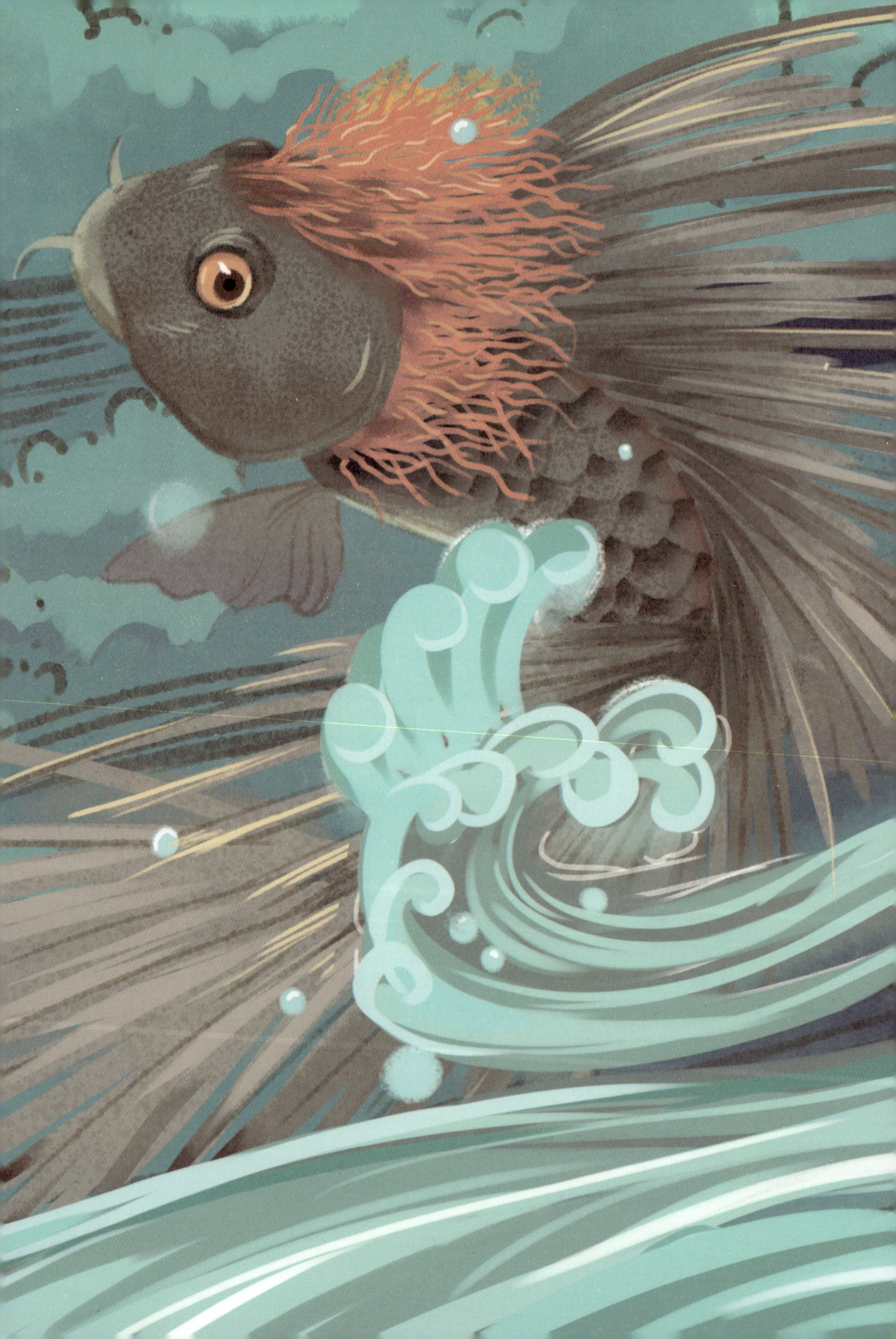

预兆干旱的鱼

鸡山上盛产一种红色或青色的矿物，这种矿物磨碎后可以制成涂料。因此山下有许多涂料厂，远近闻名。

有一天早上，人们提着工具去涂料厂干活时，在路上看见了很多模样奇怪的鱼，这种鱼长得像鲫鱼，浑身长着猪毛，叫声像小猪。

人们出于好奇，抓了几条鱼拿到涂料厂，让其他人看。

一位见多识广的老人见到这种鱼，大吃一惊道："糟了！这是鮯鱼！传说这种鱼一出现，天下就会大旱！"

有人不相信地说："哪有这么邪门？我看这种鱼就是从溪水里蹦出来的罢了。"

老人严肃地说道："在我小时候，鮯鱼就出现过一次。那次发生的干旱持续了整整三年。"这位老人在村子里德高望重，人们听了他的话，都不由得认真起来。

人们商议后，急忙准备了许多食物，背起行囊迁移到别的地方去了。没多久，鸡山一带果然发生了大旱，而且持续了整整两年，庄稼颗粒无收，还好人们提早做了准备。

旱灾过去以后，人们又重新返回了自己的家园。

南山经

颙

又东四百里，曰令丘之山，无草木，多火。其南有谷焉，曰中谷，条风①自是出。有鸟焉，其状如枭（xiāo）②，人面四目而有耳，其名曰颙（yóng），其鸣自号也，见则天下大旱。

译文

再往东四百里，有座令丘山，山上没有花草树木，到处是野火。山的南边有一峡谷，叫作中谷，东北风就是从这里吹出来的。山中有一种鸟，形貌像猫头鹰，却长着一副人脸和四只眼睛，而且有耳朵，名字叫颙，它发出的叫声就是自身名字的读音，它一出现天下就会大旱。

注释

① 条风：也叫调风、融风，即春天的东北风。

② 枭：通"鸮"，俗称猫头鹰，嘴和爪弯曲呈钩状，锐利，两眼长在头部的正前方，眼四周的羽毛呈放射状，周身羽毛大多为褐色，散缀细斑，稠密而松软，飞行时无声，在夜间活动。

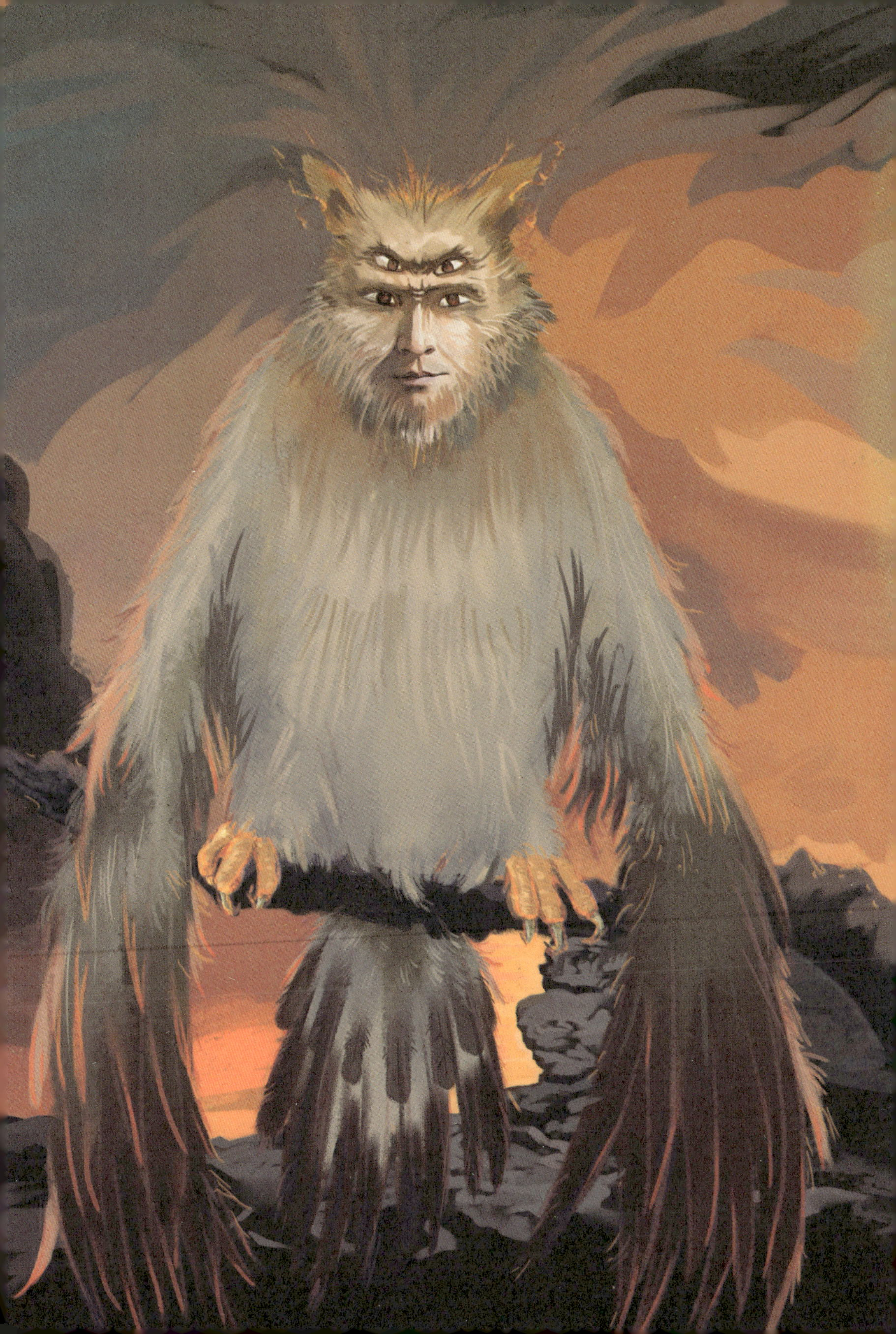

人脸四目猫头鹰

鸡山往东四百里，有一座令丘山。这里寸草不生，常年烟雾缭绕。传说这里居住着很多怪物，山下的居民从不敢单独进山。

有一年，令丘山经常冒出黑色的烟雾，还有奇怪的动物叫声传出，而且一连数月都没有下雨。山下的村子里常常丢失鸡和兔子。村民们惶惶不安，每到太阳下山的时候，就赶紧关门闭户，生怕会惹上灾祸。

村子里有个少年胆子很大，他在鸡窝旁放了好几个捕兽夹子，心想："这个怪物要是敢来，我一定要抓住它！"

这一天，少年快睡着的时候，忽然听见院子里有鸟的叫声。他跑到院子里一看，捕兽夹上夹着一只大鸟。

少年把鸟捡起来带回屋里。等点亮油灯一看，他才发现这只鸟居然长着人的脸，而且有四只眼睛。

第二天一早，少年提着这只鸟，兴冲冲地在村子里炫耀。谁知村长见了这只鸟却大吃一惊地说："这是颙啊！传说它出现在哪里，哪里就会出现大旱。快快，将它放回令丘山去！"

少年忙将颙放回了山里，颙跌跌撞撞地飞走了。

西山经

螐渠

西四十五里，曰松果之山。濩（huò）水出焉，北流注于渭，其中多铜①。有鸟焉，其名曰螐（tóng）渠，其状如山鸡，黑身赤足，可以已䐆（báo）②。

译文

往西四十五里，有座松果山。濩水从这座山发源，向北流入渭水，其中多产铜。山中有一种鸟，名字叫螐渠，形貌像一般的野鸡，长着黑色的身子和红色的爪子，可以用来治疗皮肤干裂。

注释

①铜：这里指可以提炼为精铜的天然铜矿石。
②䐆：皮肤干裂。

能治病的野鸡

在松果山下，有座小小的作坊。作坊里住着一位少年和他的爷爷。祖孙俩相依为命，以烧制陶器为生。

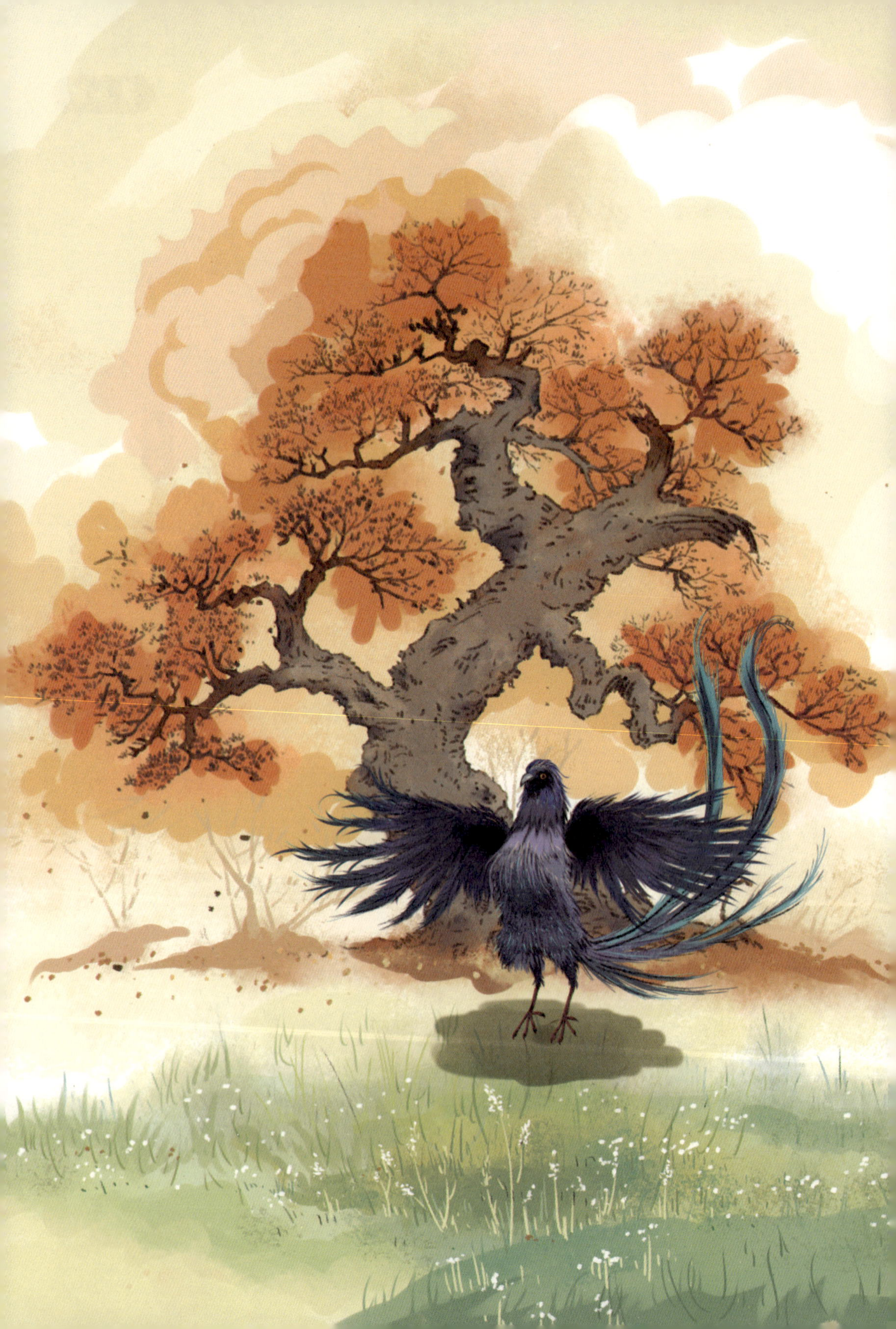

少年的父母早早地就去世了，爷爷每天辛苦地烧制陶器，再将烧制好的陶器拉到集市上卖，换点柴米油盐，将少年养大。生活虽然清苦，祖孙俩的感情却很好。

少年一天天长大，爷爷也一天天变老了。由于爷爷常年在炽热的炭火前劳作，皮肤都被火烤得干燥裂开，一双手更是布满血口子，而且总是好不了。少年心里十分难过。

这一天，少年拉着陶器去镇上卖了点儿钱，然后来到药铺向店掌柜说明了爷爷的情况。掌柜的见少年这么有孝心，十分感动，说道："你爷爷这种情况，普通的药膏治不好。传说有种叫螐渠的鸟，吃了它的肉能治皮肤干裂的病。"

少年忙问："请问哪里能找到这种鸟？"掌柜的道："就在松果山上。这种鸟长得像野鸡，黑身子红爪子，很好辨认。只是不好找啊。"

少年却下定决心，再苦再累都要找到这种鸟。于是，他背着弓箭上山了。他在山里苦苦寻找了三天，终于抓到了一只螐渠。

爷爷吃了螐渠的肉后，干裂的皮肤果然变得滋润光洁，手上干裂的血口子也消失不见了，再也不用受疼痛的折磨了。

西山经

肥螚

又西六十里,曰太华之山①,削成而四方,其高五千仞(rèn)②,其广十里,鸟兽莫居。有蛇焉,名曰肥螚,六足四翼,见则天下大旱。

译文

再往西六十里,有座太华山,山崖非常陡峭,就像被刀削成的一样,呈四方形,山高五千仞,宽十里,飞鸟和野兽无法在这座山里栖身。山中有一种蛇,名字叫肥螚,长着六只脚和四只翅膀,它一出现天下就会大旱。

注释

①太华之山:就是现在陕西省境内的西岳华山。

②仞:古时八尺为一仞。

鱼鸟篇

带来干旱的肥蟥

太华山下，有一个村庄。这里常年风调雨顺，人们过着安居乐业的日子。

这一年的春天，眼看着就要到播种的时节了，天上却连一滴雨水也没有下。人们站在田里发愁："没有雨水，种子怎么发芽？今年的粮食怎么办？"

"难道今年要大旱？"

"胡说。咱们村几十年来都风调雨顺，从来没有发生过旱灾。"人们这样说着，就继续安心地翻地松土，打算春雨后就开始播种。

可是眼见一天天过去，却仍然一滴雨水也没有。最后，连河水都枯竭了。村里只好派出壮劳力，去远处寻找水源。

村民们提着桶，顶着烈日走在路上。走着走着，一位年轻人忽然指着天空问："那是什么？"

只见天上正飞着一条怪蛇，它长着四只翅膀和六只脚。有人道："那是肥蟥！它出现在哪里，哪里就会大旱！看来这次的旱灾就是它捣的鬼！"

肥蟥发现众人后，就钻进了山壁的裂缝里。大家伙儿用力拍着桶，大声呼喝。没一会儿，肥蟥就从山壁里钻了出来，拍拍翅膀飞走了。

肥蟥刚一离开，天上就下起了大雨。

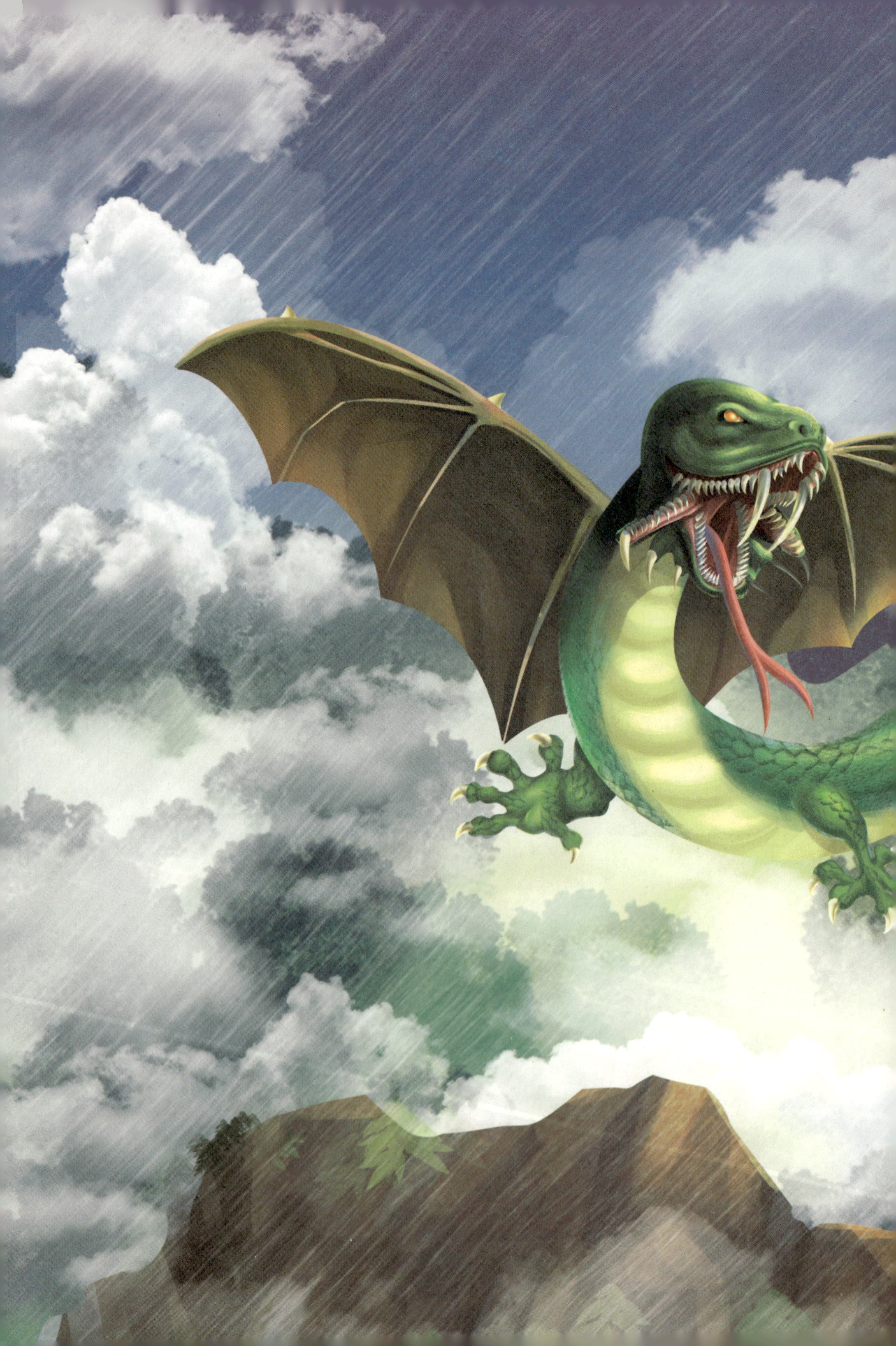

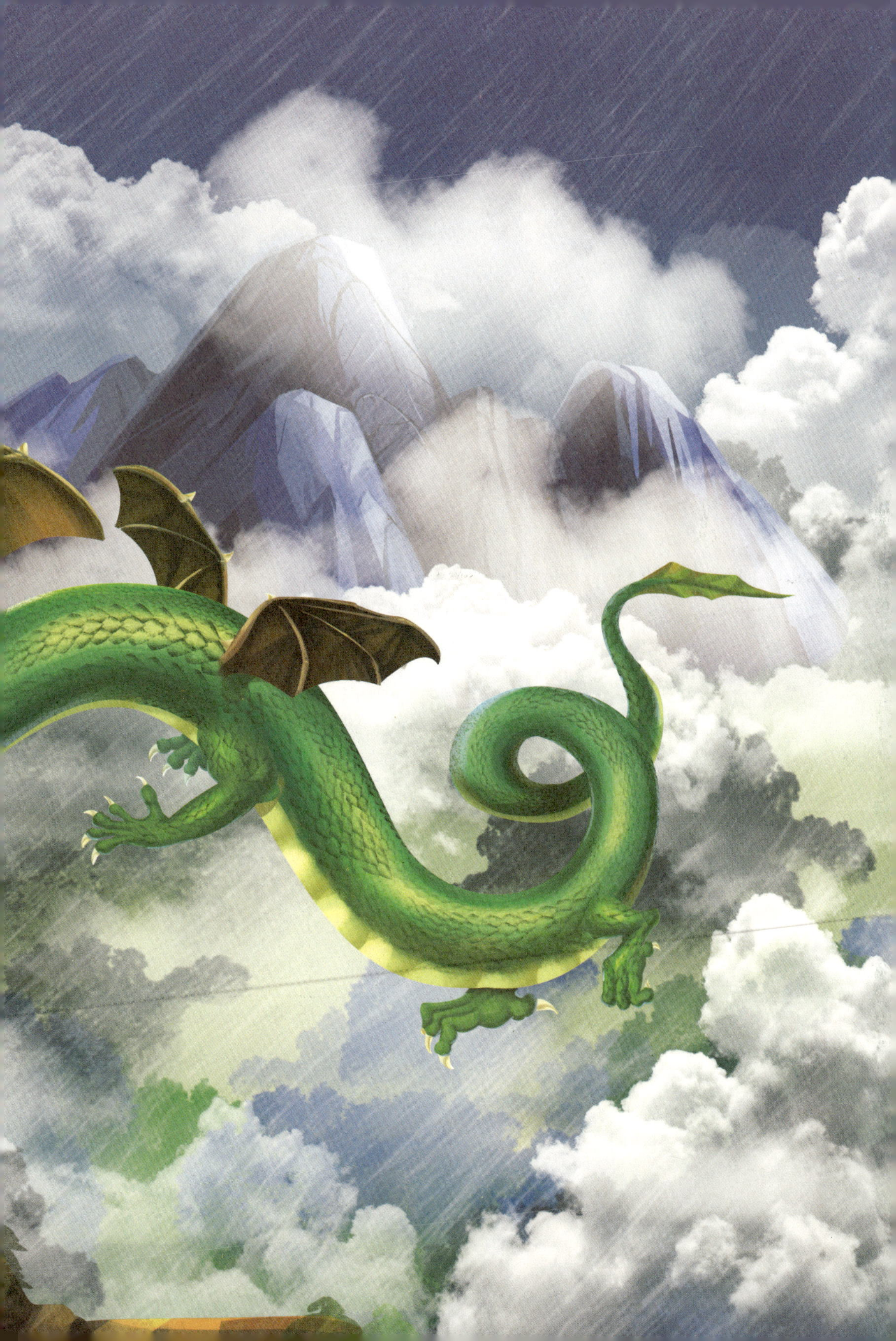

西山经

鴖

符禺之水出焉，而北流注于渭。其兽多葱聋①，其状如羊而赤鬣（liè）。其鸟多鴖（mín），其状如翠②而赤喙（huì），可以御火。

译文

符禺水从符禺山发源，然后向北流入渭水。山中的野兽大多是葱聋，形貌像普通的羊却长有红色的鬣毛。山中的鸟大多是鴖鸟，形貌像一般的翠鸟却长着红色的嘴巴，饲养它可以辟火。

注释

①葱聋：古人说是野山羊的一种。

②翠：指翠鸟。又叫翡翠鸟，大小近似于燕子，头大而身子小，嘴坚硬而直，额部、枕部、背部的羽毛以苍翠、暗绿色为主，耳部的羽毛是棕黄色，颊部、喉部的羽毛是白色，翅膀上的羽毛主要是黑褐色，胸下的羽毛是栗棕色。

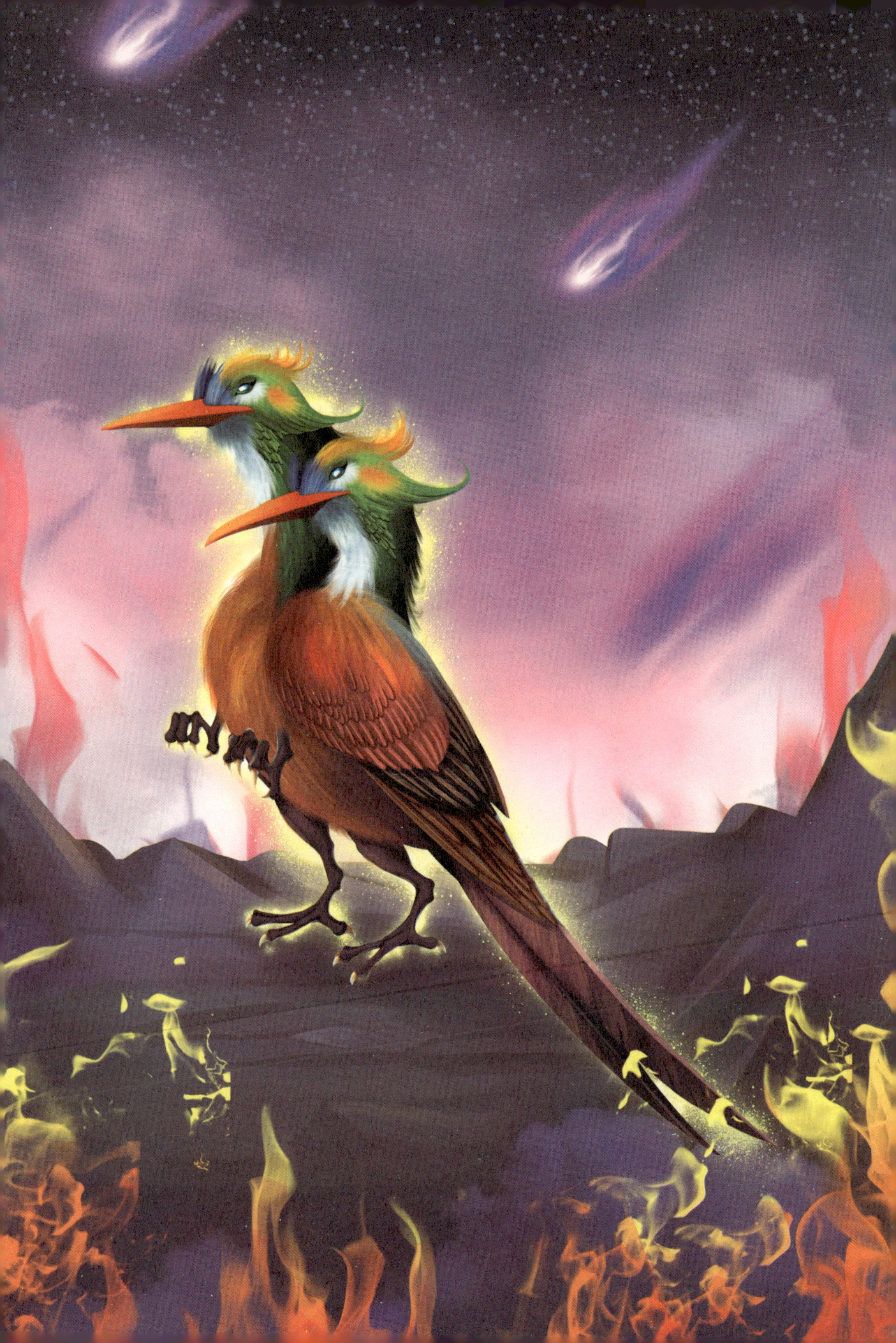

可以抵御火焰的鸟

在很久很久以前，有个城镇十分富庶，那里的人擅长制作花灯。每到元宵灯节，镇上都会举办盛大的花灯节。

这一年的元宵节格外热闹，来参观的百姓摩肩接踵。忽然，天上刮起了一阵大风。城门上的大花灯被风一吹，就着起火来。

随着火势的不断蔓延，一串串花灯全都被点燃了。琳琅满目的花灯，瞬间变成了一条条火龙，小镇陷入一片火海之中。人们推挤着，呼叫着。就在这危急关头，半空中忽然传来一声鸟啼声。

只见一只长得像翠鸟的鸟飞了过来。它在空中飞来飞去，扇动着翅膀。只见它经过之处，肆虐的火焰就随之平息。这只鸟又扇动几下翅膀，滚滚的黑烟也随之消散了。

有位老人喊道："这是鸱，是传说中辟火的神鸟啊！"

人们为了感谢鸱的救命之恩，从此就将鸱的形象塑造在屋顶和屋檐上，人们相信鸱能保护自己的房子免受火灾。

据说鸱还是神鸟朱雀的后裔呢。

西山经

数斯

有鸟焉，其状如䳃（chī）①而人足，名曰数斯，食之已瘿（yǐng）②。

译文

山中有一种鸟，形貌像䳃鹰却长着人一样的脚，名字叫数斯，吃了它的肉就能治愈人脖子上的赘瘤病。

注释

①䳃：指䳃鹰。

②瘿：俗称瘿袋。中医指生在脖子前的一种囊状瘤子，主要是由于碘缺乏引起的甲状腺肿大症。

天生的神药

从前有个平静的小村庄，这里住着一位姑娘，名叫绿筝。绿筝天性善良，常常帮助别人。可是因为她脖子上长着一个丑陋的瘤子，以致到了十八岁还是没有人上门来提亲。

　　因为这个瘤子的存在，村子里一些刻薄无聊的人，还常常嘲笑绿箩。可是绿箩并不放在心上，仍然乐观地生活着。

　　这年冬天，天寒地冻。一天，绿箩发现门口倒着一个衣衫褴褛的老人，显然快被冻僵了。绿箩连忙将老人扶进屋子，端来热粥喂老人喝下。

　　老人慢慢缓了过来。他睁开眼睛，打量着绿箩："是你救了我？"

　　绿箩道："是的。老人家，您好些了吗？"

　　老人没有回答，他打量绿箩脖子上那颗巨大丑陋的肉瘤，道："救命之恩，当涌泉相报。姑娘，你救了我，我也没有别的可报答，我知道一种鸟能去掉你脖子上的肉瘤。这种鸟叫数斯，住在皋涂山上。它长得像鹞鹰，生着人的脚板。吃了它的肉，就能去掉你脖子上的肉瘤。"

　　绿箩的父母听了，忙到处托人寻找数斯。可是皋涂山那么遥远，村里的人谁也没有去过，更没有见过这种鸟。这时村里的一位年轻猎户却背着弓箭出发了。

　　半个月后，年轻猎户历经千难万险，终于带回了一只数斯。绿箩吃下数斯的肉后，脖子上的肉瘤果然消失得无影无踪。人们这才发现，绿箩姑娘长得美丽非凡，上门提亲的人都快踏破了她家门槛。

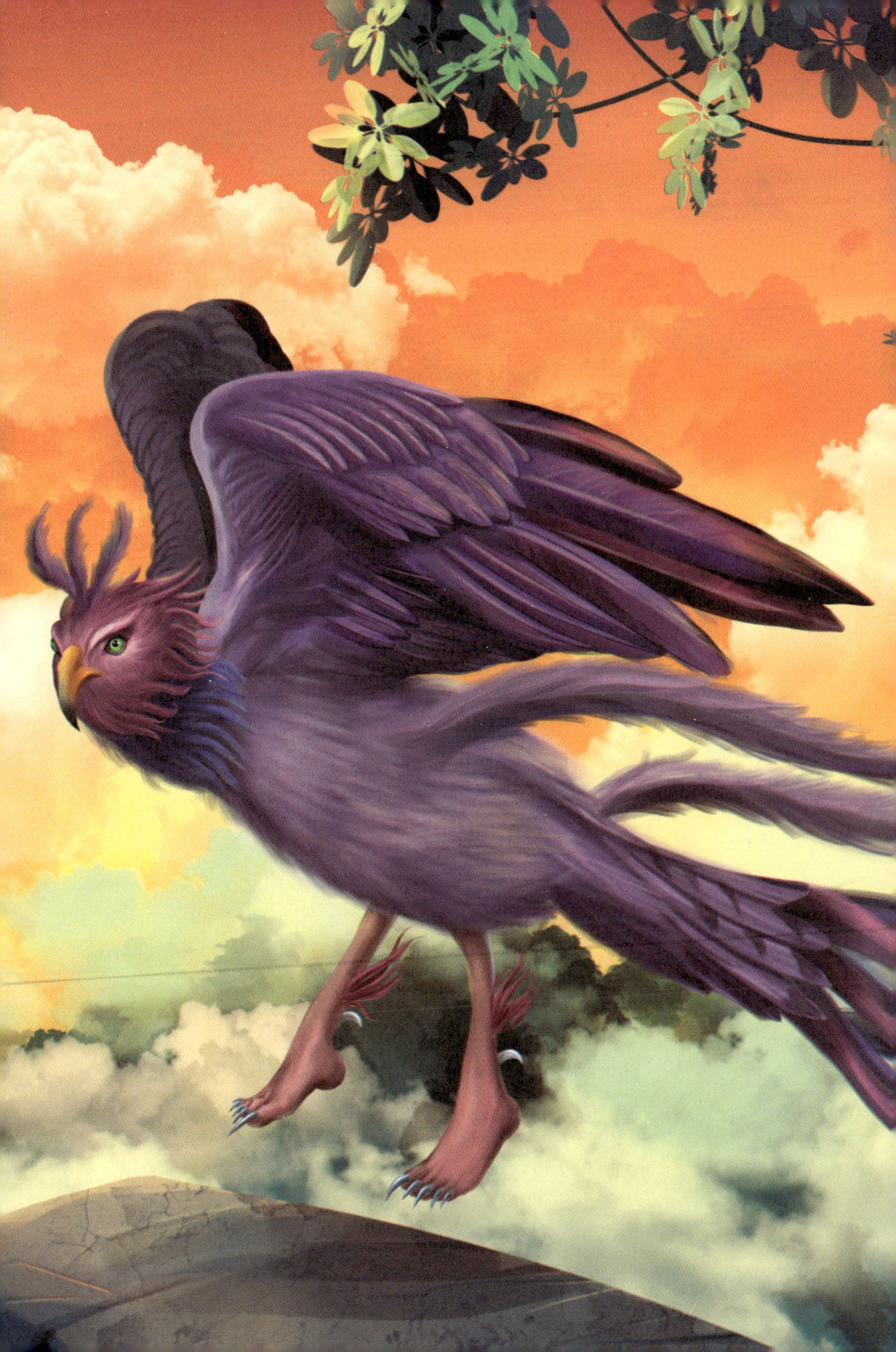

西山经

鸓

又西二百里，曰翠山，其上多棕枏（nán）①，其下多竹箭，其阳多黄金、玉，其阴多旄（máo）牛②、䴇（líng）③、麝（shè）④。其鸟多鸓（lěi），其状如鹊，赤黑而两首、四足，可以御火。

译文

再往西二百里，有座翠山，山上是茂密的棕树和楠树，山下到处是竹丛，山南面盛产黄金、玉石，山北面有很多牦牛、羚羊、香獐。山中的鸟大多是鸓鸟，形貌像一般的喜鹊，却长着红黑色羽毛和两个脑袋、四只脚，人饲养它可以辟火。

注释

①枏：即楠树。

②旄牛：牦牛。

③䴇：通"羚"，即羚羊。形貌像羊而大一些，角圆锐，喜好在山崖间活动。

④麝：一种动物，分泌的麝香可作药用和香料用。

双头四足鸟

很久很久以前，天上忽然出现了十个太阳。它们是上古天帝帝俊和太阳女神羲和生的孩子，每天都乘坐着神鸟三足金乌拉的车在天上乱窜。

一天，十个太阳同时出现在天上，晒得河流干涸，整个大地都笼罩在炎热之中。直到后羿射出神箭，将九个太阳射落，大地才不那么炎热了。后羿射日时其中一只拉车的三足金乌受伤了，羽毛落在了人间的一座山上。

这座山原本绿树成荫，现在却被三足金乌的羽毛烧成了焦土。而且山上总是冒着黑烟，隔三岔五就会冒出火焰。一旦刮风，火星就会落在山下的村子里，引起火灾。这个村子的房子都是用木头和竹子搭建而成的，被火烧了以后，村民们就失去了家园。然而当他们辛辛苦苦把房子重新盖好后，又会不断发生火灾，弄得村民们苦不堪言。

这时，村里的一位老人出了个主意，他说："翠山上有一种可以辟火的鸟，叫鶋。如果能将它请来，我们就再也不用担心发生火灾了。"于是，村里派出一位跑得快的年轻人去找鶋。年轻人日夜兼程地赶到翠山，果然在山上找到了鶋。鶋长得像喜鹊，有两个头和四只脚。

可是鹛每天在山上吃竹子，喝泉水，生活得无忧无虑，并不想下山去。

年轻人恳求道："我们村子一直遭受火灾，人们无法正常生活。如果您愿意来我们的村子居住，我们愿意每天用鲜果和泉水供奉您。"

鹛本性善良，听了年轻人的话后，便跟他一块儿下山了。鹛来到村子里后，村子果然再也没有遭受火灾。人们十分感激鹛的庇护，每天都供奉鲜果和泉水给鹛。

西山经

鸾鸟

西南三百里，曰女床之山，其阳多赤铜，其阴多石涅（niè）①，其兽多虎、豹、犀、兕。有鸟焉，其状如翟（dí）②而五采文，名曰鸾鸟③，见则天下安宁。

译文

往西南三百里，有座女床山，山的南面赤铜储量丰富，山的北面有大量石涅，山里的野兽多为虎、豹、犀牛和兕。山里有种鸟，形貌像野鸡，长着五彩斑斓的羽毛，名字叫鸾鸟，它一出现天下就会太平。

注释

① 石涅：古人认为就是石墨，古时用作黑色染料，也可以画眉和写字。

② 翟：一种有很长尾巴的野鸡，形体比一般的野鸡要大些。

③ 鸾鸟：传说中的一种鸟，属于凤凰一类。

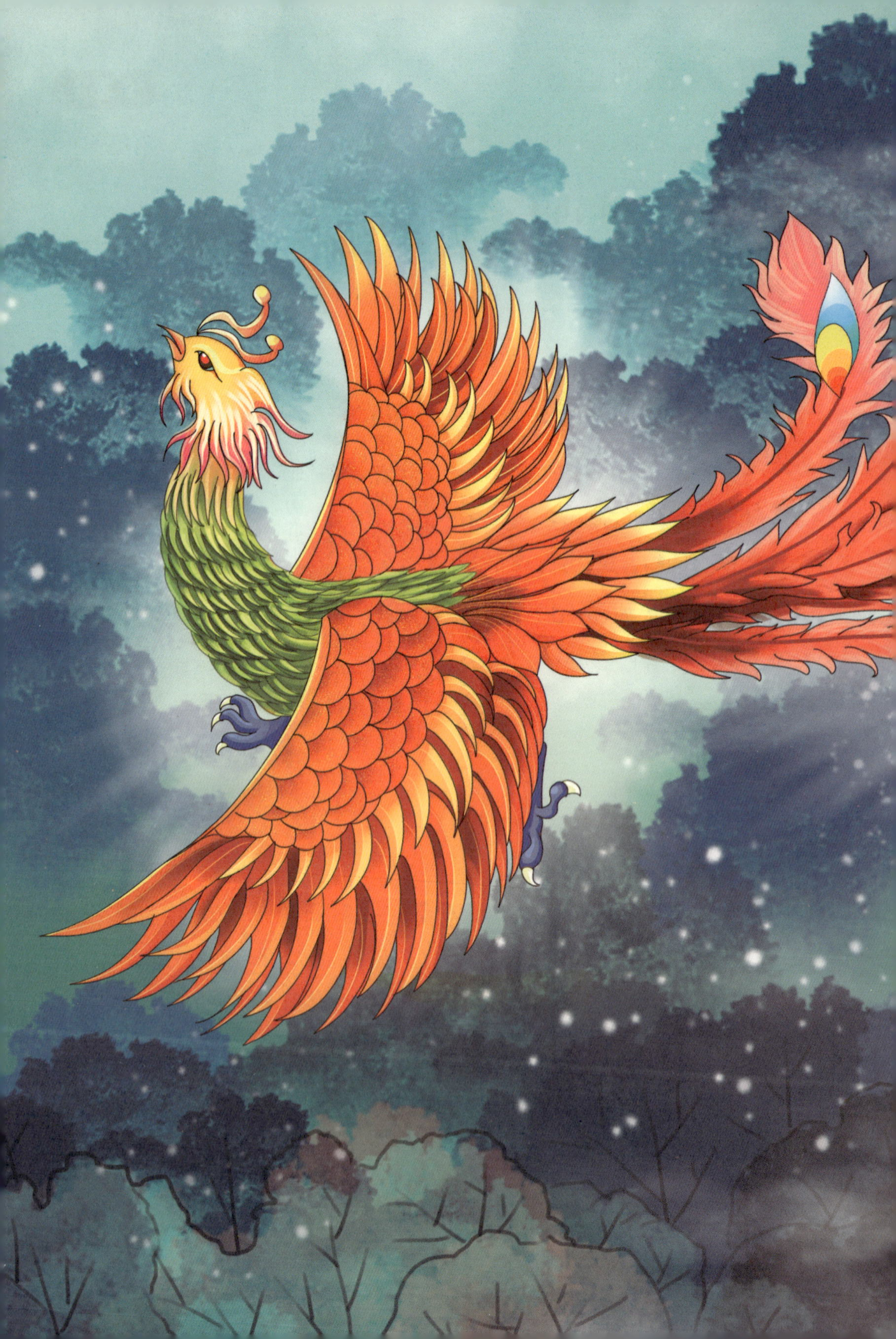

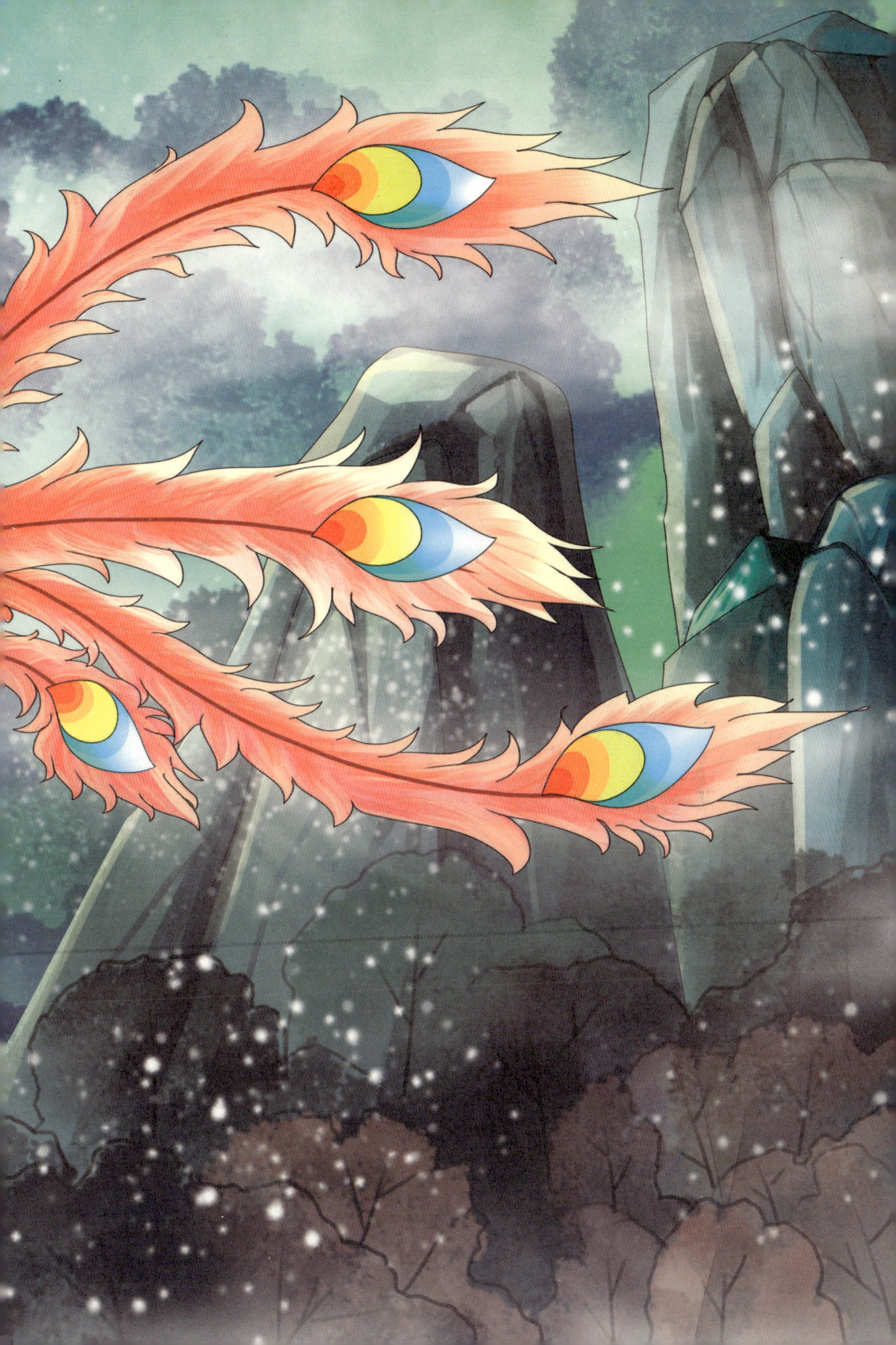

爱好和平的鸾鸟

女床山盛产赤铜和石墨,山里草木繁盛,各种猛兽随处可见。女床山下有部落,那里的人都以采矿和打猎为生。

有一天,两个部落的人同时发现了一个赤铜矿。为了争夺铜矿的所有权,两个部落的人争执起来。

他们谁也说服不了谁,气氛越来越紧张,最终两边的年轻人打斗起来。

打斗越来越激烈,眼看着就要出人命了,天上忽然传来一阵悦耳的鸟啼声。只见空中飞来一只色彩斑斓的鸟儿,它在半空中不断盘旋,不停地鸣叫着。这声音让人心中的戾气顿时消散,人们不由自主地放下了武器。

有见多识广的老人喊道:"这是鸾鸟!"

原来女床山一带的人认为鸾鸟是吉祥的象征,十分崇拜鸾鸟。鸾鸟出现后,人们纷纷放下武器。从此两个部落以南北划分界线,各在山的一边挖矿打猎,互不干涉。两个部落的人也都过上了安定的生活。

西山经

凫徯

又西二百里，曰鹿台之山，其上多白玉，其下多银，其兽多𰢿（zuó）牛、羬（qián）羊、白豪①。有鸟焉，其状如雄鸡而人面，名曰凫（fú）徯（xī），其鸣自叫也，见则有兵②。

译文

再往西二百里，有座鹿台山，山上多出产白玉，山下多出产银，山中的野兽以𰢿牛、羬羊、白豪居多。山中有一种鸟，形貌像普通的雄鸡却长着人一样的脸，名字叫凫徯，它的叫声就是自身名字的读音，它一出现天下就会有战争。

注释

① 白豪：长着白毛的豪猪。
② 兵：军事，战斗。

预示战争的人面鸡

鹿台山盛产白色的玉石和银矿，因此住在山下的人都以采矿为生，并因为采矿而富裕起来。

有一天，村子里正在举行热闹的庆典，一只怪鸟忽然从天而降，落在了戏台上。这只鸟的模样很奇怪，长得像公鸡，却有着人的脸。

有人捡起石头砸向它，可鸟儿并不肯离开。它一边拍打着翅膀，一边不断叫着"凫徯凫徯"，好像在告诉人们什么事。

这时，见多识广的村长赶到了。他一看见这只鸟就大惊失色，道："这只鸟叫凫徯，它一出现就预示着天下大乱。看来马上就要打仗了，咱们得早做准备啊！"

听了村长的话，凫徯这才拍拍翅膀飞走了，好像完成了自己的使命。

于是，村长带领大家伙儿收拾财物，储备粮食，然后躲进了深山里。没多久，战火果然蔓延到了这一带。人们因躲避及时，并没有受到牵连。村民们一直在山里住了三年，战争平息后，他们重新回到了家园。

人们对报信的凫徯心怀感激，便嘱咐子孙后代不准伤害鸟类。

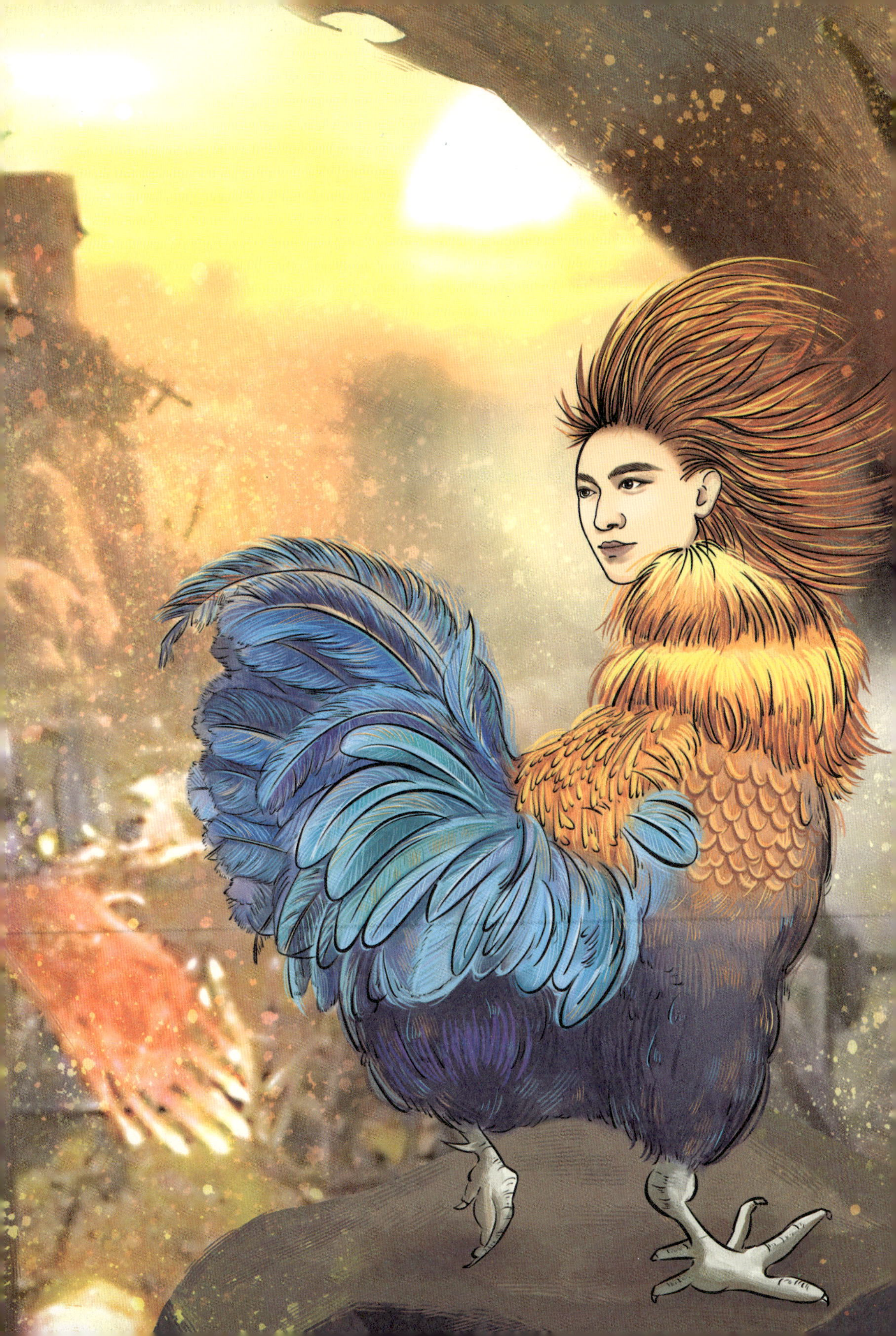

西山经

蛮蛮鸟

西次三山之首，曰崇吾之山，在河之南，北望冢（zhǒng）遂，南望䍃（yáo）之泽，西望帝之搏兽之山，东望螞（yān）渊。有木焉，员①叶而白柎（fū）②，赤华而黑理，其实如枳（zhǐ），食之宜子孙。有兽焉，其状如禺而文臂。豹尾而善投，名曰举父。有鸟焉，其状如凫，而一翼一目，相得乃飞，名曰蛮蛮，见则天下大水。

译文

西方第三列山系之首座山，叫作崇吾山，它伫立于黄河的南岸，向北可以望见冢遂山，向南可以望见䍃泽，向西可以望见天帝的搏兽山，向东可以望见螞渊。山中有一种树木，圆圆的叶子、白白的花萼，红色的花朵上有黑色的纹理，结的果实与枳实相似，吃了它就能使人多子多孙。山中有一种野兽，形貌像猿猴，臂上却有斑纹，长着豹子一样的尾巴，擅长投掷，名字叫举父。山中还有一种鸟，形貌像野鸭子，却只长了一只翅膀和一只眼睛，要两只鸟合起来才能飞翔，名字叫蛮蛮，它一出现天下就会发生水灾。

注释

①员：通"圆"。

②柎：花萼。是由若干萼片组成，包在花芽的外面，起保护花芽的作用。

只有一只翅膀的鸟

崇吾山上住着许多珍奇的鸟类,可蛮蛮鸟在其中却显得格外特别——因为它们只有一只眼睛和一只翅膀。雄的蛮蛮鸟只有左眼和左翅膀,雌的蛮蛮鸟只有右眼和右翅膀。

蛮蛮鸟因为只有一只翅膀的缘故,天生就无法飞翔,只能漂浮在水面上,或者蹲在低矮的草丛中。

有只蛮蛮鸟常常蹲在山坡上,羡慕地仰头看其他鸟儿振翅飞翔,它真想体验那种自由自在的感觉啊。

一天,一串果子砸在这只蛮蛮鸟的头上,一个声音问:"你在想什么呢?"

原来是蛮蛮鸟的好朋友青鸟。它落在蛮蛮鸟身边,快活地说道:"这是轩辕山上的果子,我特地给你带的。"

蛮蛮鸟吃着果子,听青鸟讲述它在轩辕山上的见闻。蛮蛮鸟羡慕地说道:"如果我能像你一样飞起来就好了。"

青鸟说道:"你只有一只翅膀,这可是个难题。"

蛮蛮鸟难过地低下了头。

青鸟见状,忙安慰道:"你别泄气,凤凰见多识广,咱们去问问它吧!"

于是,青鸟带着蛮蛮鸟一起找到了凤凰,询问让蛮

蛮鸟飞翔的办法。

高傲的凤凰扫了一眼蛮蛮鸟,嘲笑道:"你只有一只翅膀,怎么飞?再找一只蛮蛮鸟,把你们俩绑在一起吗?"

青鸟生气道:"你怎么这么说话?"

蛮蛮鸟眼前一亮,拉住青鸟,说道:"别吵了,我有办法了!"

蛮蛮鸟兴冲冲地找到一只雄的蛮蛮鸟,问:"你愿不愿意跟我一起飞?"

雄鸟看了蛮蛮鸟一眼,有些羞涩地说道:"我愿意。"

于是两只蛮蛮鸟肩并着肩,一只用左翅膀,一只用右翅膀,同时振翅,居然真的腾空而起。

蛮蛮鸟大声喊道:"快看我,我飞起来了!"

青鸟拍打着翅膀,开心地为好朋友喝彩。

蛮蛮鸟终于体验到了飞翔的快乐,两只鸟儿越飞越有默契,一道飞过了高高的梧桐树。

梧桐树上,正梳理羽毛的凤凰瞧见蛮蛮鸟真的飞起来了,惊讶得差点儿摔下树去。

西山经

鵕鸟

又西北四百二十里,曰钟山。其子曰鼓,其状人面而龙身,是与钦䲹(péi)杀葆江于昆仑之阳,帝乃戮之钟山之东曰鳐崖。钦䲹化为大鹗(è)①,其状如雕而黑文白首,赤喙而虎爪,其音如晨鹄(hú)②,见则有大兵;鼓亦化为鵕(jùn)鸟,其状如鸱,赤足而直喙,黄文而白首,其音如鹄③,见则其邑④大旱。

译文 再往西北四百二十里,有座钟山。钟山山神的儿子叫作鼓,鼓长着人的面孔和龙的身子,他曾和钦䲹神联手在昆仑山南面杀死天神葆江,天帝因此将鼓与钦䲹诛杀在钟山东面一个叫鳐崖的地方。钦䲹化为一只大鹗,形貌像普通的雕却长有黑色的斑纹和白色的脑袋,红色的嘴巴和老虎一样的爪子,发出的声音如同晨鹄鸣叫,它一出现就有大的战争;鼓也化为鵕鸟,形貌像一般的鸱鹰,但长着红色的脚和直直的嘴,身上有黄色的斑纹,头却是白色的,发出的声音与鸿鹄的鸣叫很相似,它在哪个地方出现,哪个地方就会有旱灾。

注释

①鹗：也叫鱼鹰，头顶和颈后羽毛呈白色，有暗褐色纵纹，头后羽毛延长呈矛状。趾具锐爪，趾底遍生细齿，外趾能前后转动，适于捕鱼。

②晨鹄：鹗鹰之类的鸟。

③鹄：鸿鹄，即天鹅。脖颈很长，羽毛呈白色，鸣叫的声音洪亮。

④邑：这里泛指有人聚居的地方。

旱灾之鸟

烛阴是钟山山神，庇佑一方百姓。鼓是他的儿子，和父亲一样都长着人的面孔和龙的身子。可他的性格却和父亲完全不一样，他天性凶残，常常在钟山一带为非作歹。

鼓和一个叫钦䲹的家伙臭味相投，凑在一起做了许多坏事，搞得民不聊生。天帝听说了这件事，就派天神葆江下凡来阻止他们。

谁知鼓和钦䲹居然联手暗算葆江，还将他杀死。

烛阴得知儿子的行为后，连忙赶来阻止，可为时已晚。

烛阴痛心地说道："你竟敢诛杀天神，天帝肯定不会放过你，你赶紧逃命去吧。"

鼓不以为意地说："天神这么轻易就被我杀死，看来天上的神仙也不过如此嘛。"

烛阴见儿子丝毫不知悔改，气得拂袖而去。

没多久，天帝派几位天神来捉拿鼓，都被鼓和钦䲹联手打退了。天帝大怒，亲自下凡来找他们算账。

鼓和钦䲹根本不是天帝的对手，几个回合下来就落荒而逃。当他们逃到钟山东面的𬇿崖时，被天帝诛杀了。

鼓死后变成了鵕鸟，它的样子像鹞鹰，长着白色的头和红色的脚，身上还有黄色的斑纹。它的叫声带着恶毒的诅咒，它飞到哪里，哪里就会出现旱灾。

西山经

文鳐鱼

又西百八十里，曰泰器之山。观水出焉，西流注于流沙。是多文鳐鱼，状如鲤鱼，鱼身而鸟翼，苍文而白首赤喙，常行西海，游于东海，以夜飞。其音如鸾鸡①，其味酸甘，食之已狂，见则天下大穰（ráng）②。

译文

再往西一百八十里，有座泰器山，观水从这里发源，向西流入流沙。观水中有很多文鳐鱼，形貌像普通的鲤鱼，长着鱼一样的身子和鸟一样的翅膀，浑身长着青色的斑纹却是白脑袋和红嘴巴，常常从西海游至东海，在夜间飞行。它发出的声音如同鸾鸡啼叫，而肉味是酸中带甜，人吃了它的肉就可治好癫狂病，它一出现天下就会五谷丰登。

注释

① 鸾鸡：传说中的一种鸟。
② 穰：庄稼丰收。

泰器山中的飞鱼

雁门河边，有一个依水而建的小山村。这一年下了大雨，雁门河水漫到了岸边。等大水退去，岸上留下了很多奇怪的鱼。人们纷纷带上盆和桶，将这些鱼捡回家里。

当天夜里，村子里好多人像疯了一样，都往水里跳。到了第二天，犯病的人更多了。经过调查，原来这些犯病的人都吃了鱼肉。

这时，一位老人说道："传说在西海有一种文鳐鱼，它长得像鲤鱼，有一对翅膀，白头红嘴，吃了它的肉就能治疗疯病。"有村民说道："可西海那么远，谁能保证找到文鳐鱼呢？"为了解救大家，一位少年站了出来，说："我愿意去找文鳐鱼。"

少年背上一包干粮，就踏上了寻找文鳐鱼的路。他向着西方一直走，最终看见了西海。只见海面上，长着翅膀的怪鱼不断跳跃着，正是少年苦苦寻找的文鳐鱼。少年撒下渔网，捕捉了满满一袋文鳐鱼，将它们带回了村里。

文鳐鱼煮熟后，味道酸中带甜。犯病的村民吃下文鳐鱼肉后，疯病立刻就痊愈了。村里又恢复了其乐融融的景象，少年也成了村民们心中的大英雄。

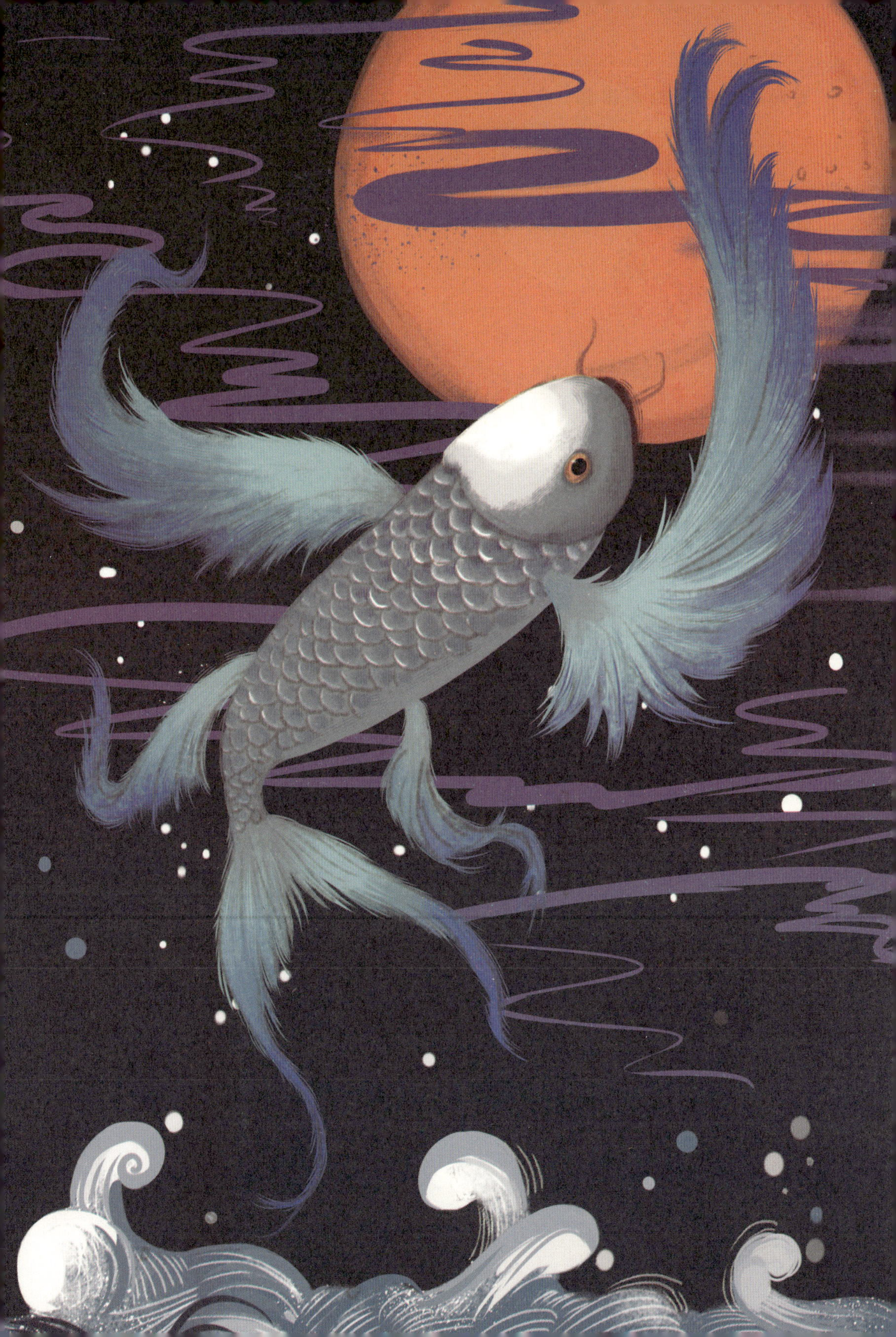

西山经

钦原

西南四百里，曰昆仑之丘，实惟帝之下都，神陆吾司之。其神状虎身而九尾，人面而虎爪；是神也，司天之九部①及帝之囿（yòu）②时。有兽焉，其状如羊而四角，名曰土蝼，是食人。有鸟焉，其状如蜂，大如鸳鸯，名曰钦原，蠚（hē）③鸟兽则死，蠚木则枯。

译文

往西南四百里，有座昆仑山，这里其实是天帝在下界的都城，由天神陆吾掌管。这位天神长着老虎的身子却有九条尾巴，长着一副人的面孔却有老虎一样的爪子；这位天神，主管天上的九部和天帝苑圃的时节。山中有一种野兽，形貌像普通的羊却长着四只角，名字叫土蝼，是能吃人的。山中有一种鸟，形貌像一般的蜜蜂，大小与鸳鸯差不多，名字叫钦原，这种钦原鸟如果蠚其他鸟兽就会使它们死去，蠚树木就会使树木枯死。

注释

①九部：指天上九域的部界。

②囿：古代帝王畜养禽兽的园林。
③蠚：毒虫类的咬刺。这里用作动词，指用毒针刺。

能蜇死人的鸟

很久很久以前，有个青年的父亲生了很严重的病，他听说昆仑山上有种仙草能治父亲的病，就前去寻找。

青年不眠不休地走了十天，终于来到昆仑山。

这时，一位背着药篓的采药人路过，便问青年："你来这里做什么？"

青年将自己为父亲找药的事和盘托出。采药人道："你的孝心让人感动。可仙草被一群叫钦原的神鸟看守着。人要是被它尾巴上的针刺中，可是要没命的。"

青年一心只想着找到仙草为父亲治病，根本不怕危险。

采药人见青年态度坚决，便从背篓里取出一颗鲜红色像枣子的果子送给他，道："这是沙棠。吃下它，能救你一命。"

青年吃下沙棠果，谢过采药人，继续往山上走。在山顶，青年找到了仙草。他小心翼翼地摘下一株仙草，但惊动了钦原鸟。

一大群钦原鸟气势汹汹地向青年扑来，青年飞快地跑下山去，却被一条大河拦住去路。青年只得冒死过河，因为他吃了沙棠果，过河时竟如履平地，不一会儿就出了昆仑山地界。

到家后，青年将仙草给父亲吃下，父亲立刻恢复了健康。

西山经

毕方

有鸟焉，其状如鹤，一足，赤文青质而白喙，名曰毕方①，其鸣自叫也，见则其邑有讹（é）火②。

译文

山中有一种鸟，形貌像一般的鹤，但只有一只脚，长着红色的斑纹和青色的羽毛，还有一张白嘴巴，名字叫毕方，它鸣叫的声音就是自身名字的读音，它在哪个地方出现，哪个地方就会发生来源不明的火灾。

注释

①毕方：传说是树木的精灵，形貌与鸟相似，羽毛呈青色，长着一只脚，不吃五谷。又传说是老父神，形貌像鸟，长有两只脚、一只翅膀，常常衔着火到人家里去制造火灾。

②讹火：怪火，像野火那样莫名其妙地烧起来。

爱放火的怪鸟

传说黄帝在中条山诸猛兽的协助下，消灭了蚩尤，终于统一了中原。在黄帝的统治下，人们终于过上了安居乐业的日子。

可蚩尤的手下却在重新召集蚩尤的魂魄，准备组建一支亡魂军队，企图与黄帝再次搏杀。黄帝听说这个消息后，感到十分忧虑。

大臣风后对黄帝说："陛下不需要担心，我有一个好主意。"

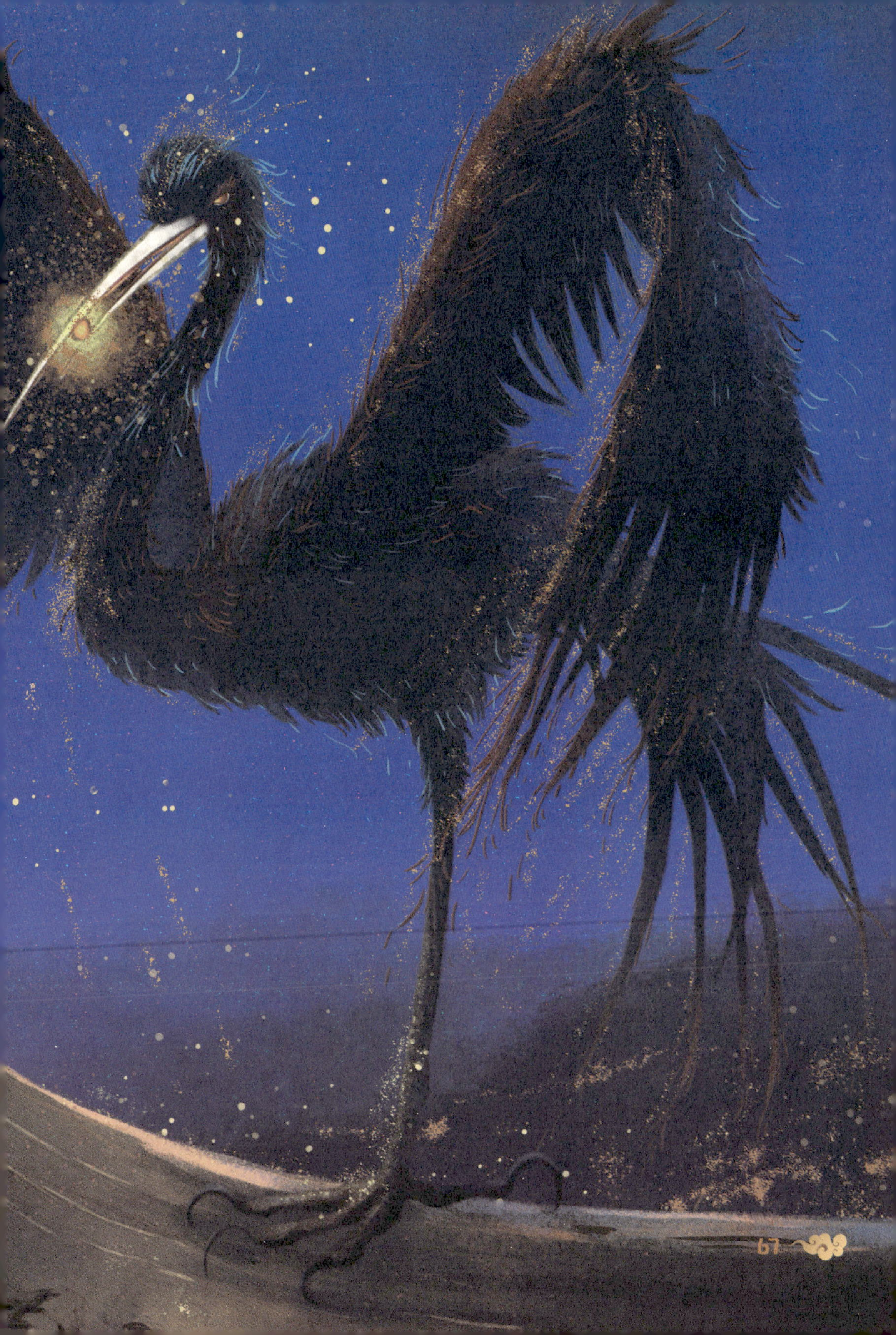

数日后，风后向黄帝献上一辆战车，车身上画满了火元素。黄帝独自乘坐着这辆战车，驰向泰山。车子一直飞驰了五天五夜，到第六天时，一阵狂风向战车袭来。

狂风里，渐渐出现了一团黑影。随着黑影的聚集，一张巨大的人脸出现了。黄帝惊恐地认出，这张脸正是蚩尤。

黑影里，一只手直直伸向黄帝。黄帝吓得倒在战车里，用袖子挡住了脸。

就在这时，半空中传来一声尖锐的鸟啼声。黄帝只觉得一道红光闪过，蚩尤的影子发出了痛苦的号叫。

黄帝放下袖子再看，蚩尤黑色的影子已经消散，狂风也停歇了。只见半空中飞翔着一只红色的大鸟，长得像鹤，羽毛是青色的，还有红色的斑纹。它盘旋几圈后就落在了战车边。黄帝便将这只鸟带了回去。

黄帝召来风后，向他讲述了这次的经历，并询问："这只鸟是什么来历？"

风后告诉黄帝："这只鸟名叫毕方。它出现在哪里，哪里就会燃起大火，并有驱散凶邪的能力。"

从此，黄帝乘坐蛟龙拉的战车出行时，毕方就会伴随在一旁。

西山经

鸱

又西二百二十里，曰三危之山，三青鸟①居之。是山也，广员百里。其上有兽焉，其状如牛，白身四角，其豪②如披蓑（suō）③，其名曰獓（ào）狠（yē），是食人。有鸟焉，一首而三身，其状如鸐（luò）④，其名曰鸱。

译文

再往西二百二十里，有座三危山，三青鸟栖息在这里。这座三危山，方圆百里。山上有一种野兽，形貌像普通的牛，却长着白色的身子和四只角，身上的硬毛又长又密，好像披着蓑衣，名字叫獓狠，是能吃人的。山中还有一种鸟，长着一个脑袋却有三个身子，形貌与鸐很相似，名字叫鸱。

注释

①三青鸟：神话传说中的鸟，专为西王母取送食物。
②豪：豪猪身上的刺。这里指长而刚硬的毛。
③蓑：用草或棕毛制成的披在身上的防雨用具。
④鸐：与雕相似，身上有黑色斑纹，脖颈为红色。

怪异的鸱鹰

鸱生活在三危山下的灌木丛里。它长得像鸦,却有一个脑袋和三个身子,因此十分自命不凡。

有一天,鸱正在灌木丛里晒太阳,忽然瞧见鸾鸟从空中飞了过去。鸾鸟身姿优美,长长的尾羽在空中画出优美的弧线。

人们纷纷赞叹:"那是鸾鸟!是为西王母送信的神鸟啊。"

"看见鸾鸟可是吉兆啊!"

听着人们对鸾鸟的称赞,鸱心里很不是滋味。在它看来,鸾鸟长得普普通通,只有一个头,哪里比得上自己。

鸱越想越不服气。有一天,当鸾鸟再次飞过三危山时,鸱就飞出去拦住了鸾鸟。

鸱向鸾鸟喊道:"喂,你站住。"

鸾鸟轻轻拍打着翅膀,道:"我忙着帮西王母送信呢,

鱼鸟篇

你有什么事吗?"

鸱听了这话,更是气不打一处来:"哈,装模作样的家伙。你长得普普通通,能力也一般,凭什么能为西王母送信?不如跟我打一场,谁赢了谁就当西王母的信差?"

鸾鸟见鸱一副来势汹汹的样子,自己要是跟它打起来,就要耽误给西王母送信了。鸾鸟眼珠一转,道:"好啊。那你来代替我将这封信送给西王母。只要你能及时送到,我就让你顶替我的位置。"

"一言为定!"鸱大喜过望,抢过那封信就急忙向西王母所住的地方飞去。

由于鸱有一个脑袋和三个身子,它们往不同的方向飞,大半天过去了,鸱还在原地打转。鸾鸟趁机拿回信件,展翅飞走了。

西山经

鹌鹑

有鸟焉，其状如乌，三首六尾而善笑，名曰鹌（qí）鹑（tú），服之使人不厌（yǎn）①，又可以御凶。

译文

山中有一种鸟，形貌像普通的乌鸦，却长着三个脑袋、六条尾巴并且喜欢嬉笑，名字叫鹌鹑，吃了它的肉就能使人不做噩梦，还可以避凶邪之气。

注释

①厌：通"魇"，梦中遇可怕的事而呻吟、惊叫。

爱笑的怪鸟

翼望山下有个小村子，村里的人安居乐业，过着平静的生活。突然有一天夜里，一阵诡异的笑声打破了这里的宁静，村民们从梦里惊醒了。

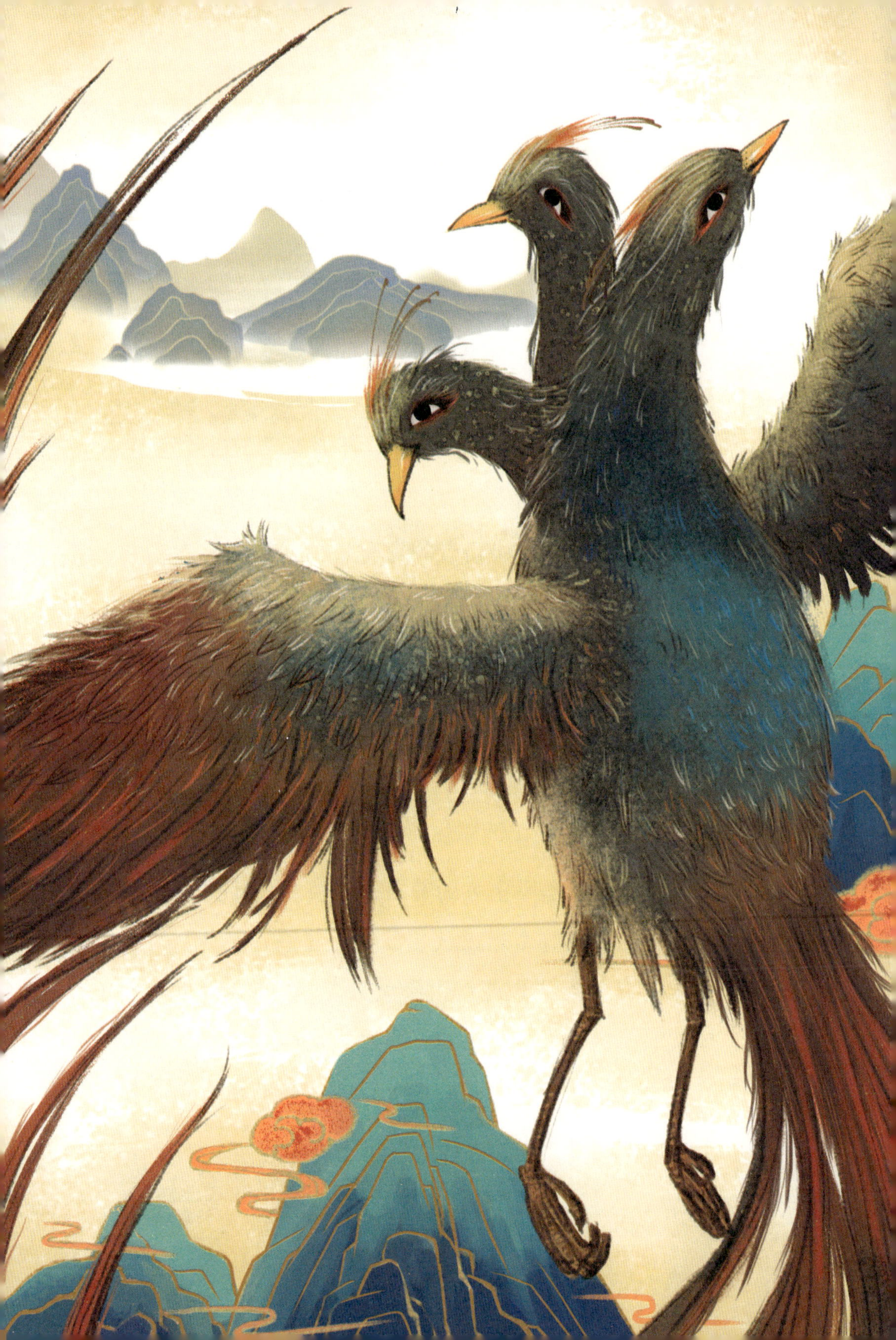

第二天天刚亮，人们就聚到一起议论昨天夜里的怪笑声。

"你也听见那笑声了吗？我还以为只有我自己听见了呢！太可怕了。"

"到底是什么在笑？难道我们村里来了什么不干净的东西？"

眼看着众人越说越离谱，村长严肃地说道："不要自己吓自己了。你们听见的只是猫头鹰的叫声罢了。"

谁知第二天，第三天，第四天……一连好几天都是这样，整个村子的人陷入一种恐慌的情绪里。

更糟糕的是，很多孩子被吓得噩梦连连，都生病了。

见此情景，村长有天夜里在村口设下陷阱，躲在一旁等待着怪物出现。没多久，那诡异的笑声又出现了。借着月色，村长看见了一只长着三个脑袋和六条尾巴的怪鸟。

那只怪鸟啄着陷阱上方的葡萄，很快就被捉住了。

第二天，村里有个老人认出了这只怪鸟，他说："这是鹎鸰。吃了它的肉不仅能让人不做噩梦，还能辟邪呢！"

村民们闻言大喜，忙将鹎鸰煮熟，把肉分给做噩梦的孩子们吃下。孩子们吃下鹎鸰的肉，当天晚上就睡了个好觉，从此再也不做噩梦了。

西山经

冉遗鱼

浣水出焉,而北流注于陵羊之泽。是多冉(rǎn)遗之鱼,鱼身蛇首六足,其目如马耳,食之使人不眯(mí)①,可以御凶。

译文

浣水从英鞮山发源,然后向北流入陵羊泽。水里有很多冉遗鱼,长着鱼的身子、蛇的头和六只脚,眼睛像马耳朵,吃了它的肉就能使人睡觉不做噩梦,也可以辟凶邪之气。

注释

①眯:梦魇,做噩梦。

能解除噩梦的鱼

在很久很久以前,泰山下有个小村庄,村庄里的人们日出而作、日落而息,虽然外面的世界一片混乱,他们却在泰山山神的庇护下,过着安稳的日子。

这一天，村子里的孩子们结伴去山里摘野果。突然，不远处的草丛里发出了窸窸窣窣的声音，好像有什么野兽躲在里面。

因为一直得到山神庇护，山里从没出现过大型的野兽，只有兔子、野鸡之类的动物，所以孩子们并不害怕，他们好奇地追了过去，想抓一只回家。

他们循着声音往前走，不知不觉就走到了树林的深处。这里树木茂密，没有一丝阳光，显得有些阴森，周围也安静得吓人。年纪大些的孩子开始觉得害怕了，就说："咱们回去吧。"

孩子们手牵着手，正要转身回去，就看见草丛里忽然蹿出一条怪蛇，它瞪着绿幽幽的眼睛向孩子们扑来。

就在这危急关头，泰山山神从天而降，一剑将怪蛇斩成两半。孩子们被山神平安地送回了家里。可他们都被吓坏了，一到夜里就做起噩梦来，一边发烧一边大哭。

父母们无法，都跪在院子里向山神祈祷。当天夜里，孩子们的父母梦见山神赐给他们一条鱼说："这是冉遗鱼，让孩子们吃下就能解除噩梦。"

第二天醒来时，村民们家中的水缸里都出现了一条怪鱼，它长着鱼的身体，却有蛇的头和六只脚，和梦中见到的一样。孩子们吃下鱼肉后，果然不再做噩梦，很快就恢复了健康。

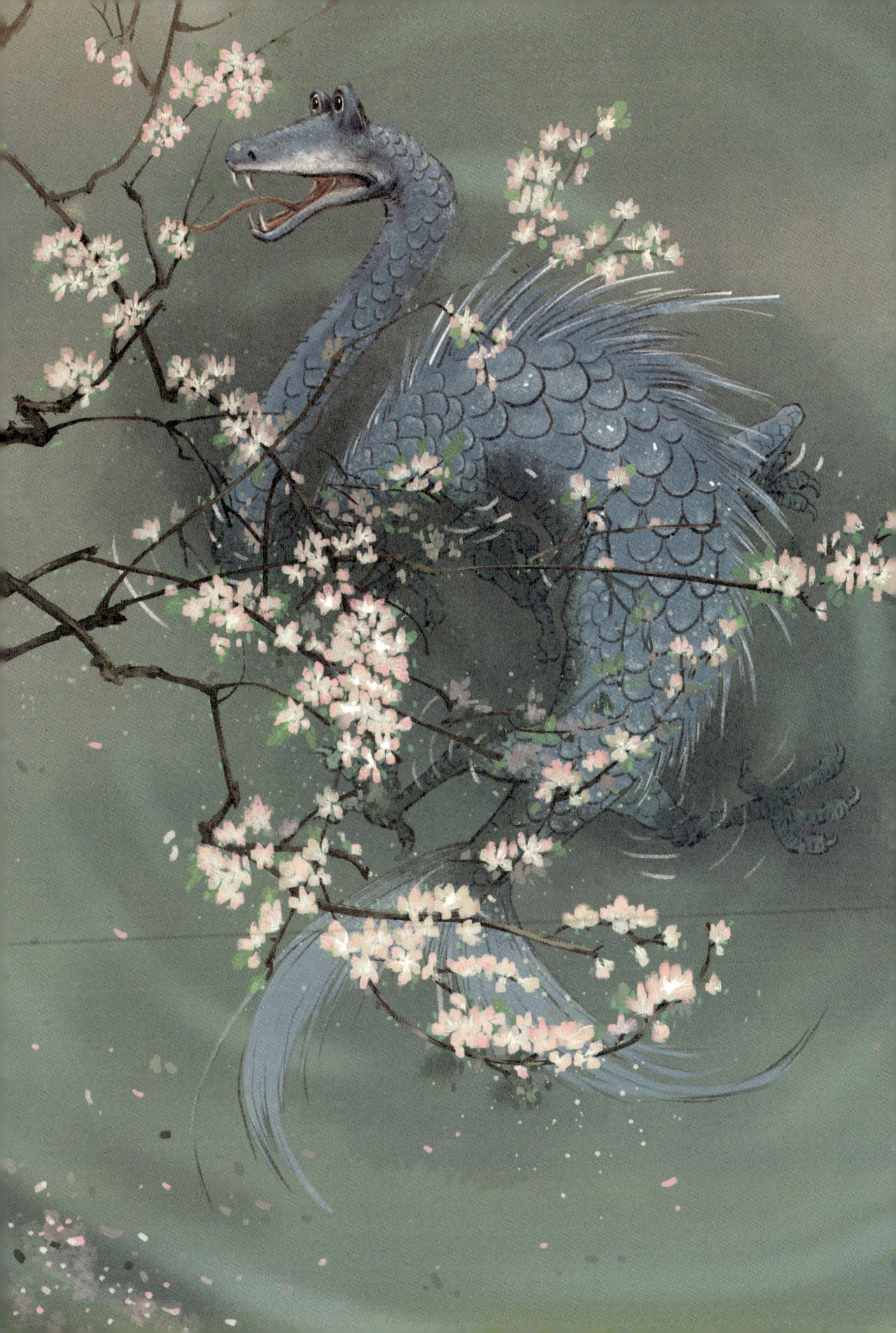

西山经

赢鱼

濛水出焉，南流注于洋水，其中多黄贝①；赢（luǒ）鱼，鱼身而鸟翼，音如鸳鸯，见则其邑大水。

译文

濛水从邽山发源，向南流入洋水，水中有很多黄贝；还有一种赢鱼，长着鱼的身子却有鸟的翅膀，发出的声音像鸳鸯鸣叫，它在哪个地方出现，哪个地方就会有水灾。

注释

① 黄贝：一种甲虫，状如蝌蚪。

飞翔在空中的鱼

邽山脚下有一个小村落，村边有一条河。这里依山傍水，人们以耕种和打鱼为生。

有一天，一个老渔夫正在撒网，忽然看见水面上飞过一条鱼，不偏不倚地撞进了他的网里。这条鱼长着鱼的身体，却有一双鸟的翅膀。

老渔夫揉了揉眼睛，说："我没看错吧，这是鱼还是鸟？"

老渔夫将这条鱼带回家给自己的妻子看，他说："老伴儿，你快看，我抓到一条怪鱼。要是拿到集市上，说不定能卖个好价钱！"

老渔夫的妻子看见这条鱼，却大惊失色道："我小时候听我父亲说过，这叫羸鱼。这种鱼一旦出现，山上就会发洪水。"

老渔夫听了，连忙将这个消息告诉村子里的人。可其他人压根儿不相信老渔夫的话，纷纷说道："你这个老家伙，哪里找来的怪鱼，来跟我们开玩笑？"

老渔夫道："我怎么会拿这种事跟你们开玩笑呢？最近一连下了好几场大雨，我们村子在山脚下本就危险，你们还是快点儿搬家吧。"

其他人不以为然地说道："家不是随随便便就能搬的，要搬你自己搬。"

老渔夫和妻子见劝说不动其他人，只好自己收拾了东西，又储备了很多食物。村子里的某些人看老渔夫夫妇这样，还纷纷嘲笑他们。

老渔夫并不理会他们，收拾好东西后，和妻子一起将家搬到了离山和河水很远的地方去了。有些村民见老渔夫两口子的举动，也跟着一起收拾东西搬家了。

没过多久，一连下了许多天的大雨。山上果然暴发了洪水，将村子冲垮了。那些没有搬家的村民都损失惨重，这才明白自己当初有多愚蠢。

鸟兽篇

西山经

人面鸮

有鸟焉，其状如鸮（xiāo）而人面，蜼（wěi）[1]身犬尾，其名自号也，见则其邑大旱。

译文

山中有一种鸟，形貌像一般的猫头鹰，长着人的面孔、猴子一样的身子，却拖着一条狗尾巴，它的叫声就是自身名字的读音，它在哪个地方出现，哪个地方就会有大旱灾。

注释

[1] 蜼：传说中的一种猴子，似猕猴之类。

长着人脸的鸟

传说在上古时期，大地上生活着许许多多神奇的动物，它们和人类一块儿居住在森林里。这些动物有些很喜欢亲近人类，也得到了人类的喜爱；有些动物则对人类有威胁，被人类驱逐。

可是有一种动物，它明明对人类没有威胁，也喜欢亲近人类，却被人类所厌恶，人们见到它就要驱赶。它就是人面鸮。这是为什么呢？

人面鸮长着一张人的脸、猴子的身体，还有一条狗尾巴。它喜欢在夜间出没，发出的声音就像人的笑声。试想一下，在伸手不见五指的夜里，乍听见诡异的笑声，再看见一只长着人脸的鸟，可不是要把人吓坏了吗？还有传言说，一旦人面鸮出现，就代表天下将要大旱。

因此，人们只要见到人面鸮就会把它赶走，免得它带来旱灾，弄得粮食歉收。

人面鸮不知道人们为什么要驱逐自己，只好时时刻刻警醒着。白天的时候，人面鸮会蹲在高高的树枝上，把自己缩成一团，免得引起人们的注意。它的脑袋可以转动三百六十度，观察周围有没有危险。久而久之，它在睡觉的时候也会睁着眼睛，以免遭到暗算。

其实人面鸮喜欢吃田里偷吃粮食的田鼠和小型雀鸟，也算是一种保护粮食的益鸟呢。不过当它找不到食物时，也会将利爪伸向人们饲养的鸡鸭。

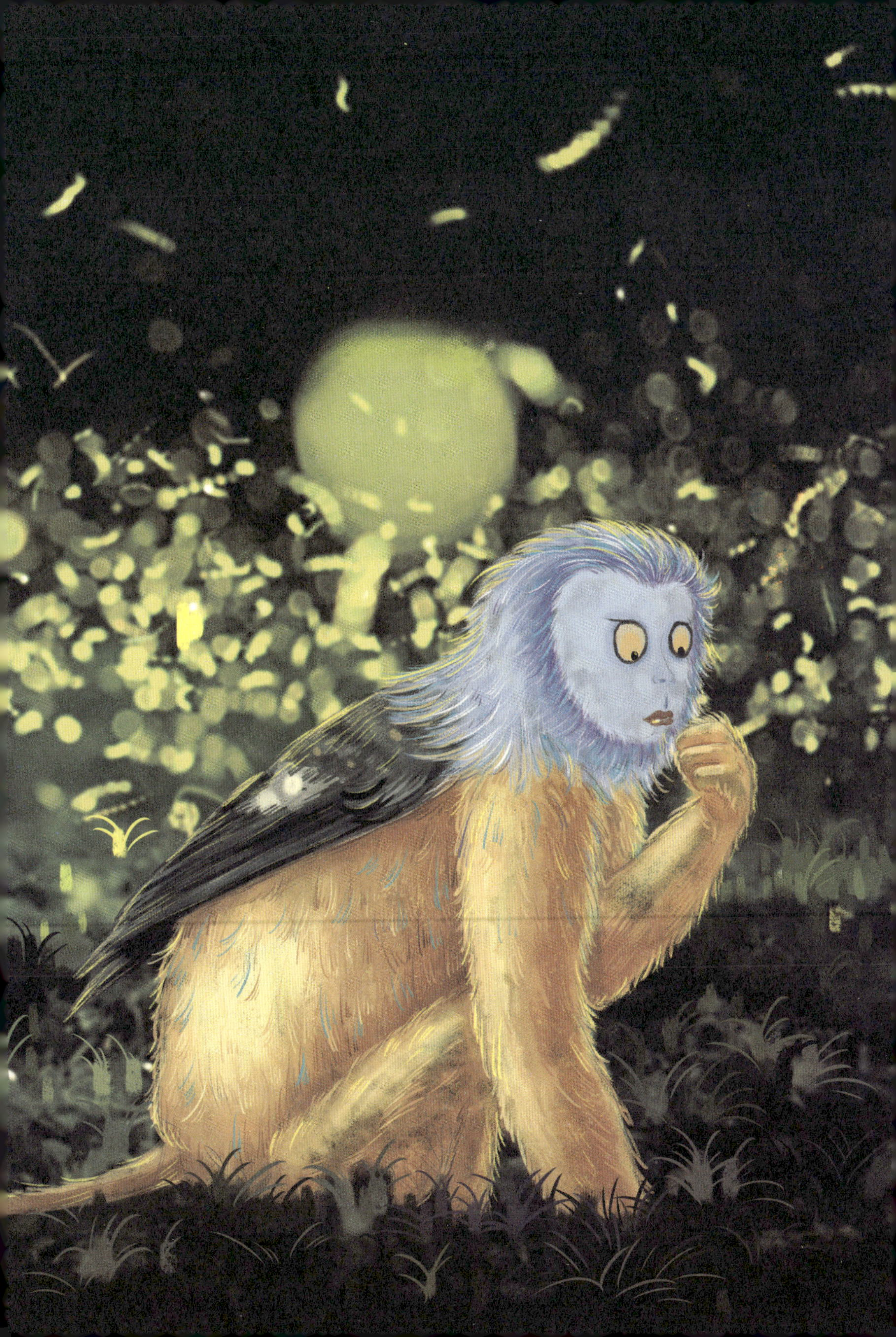

北山经

鲦鱼

彭水出焉，而西流注于芘湖之水，其中多鲦（tiáo）[1]鱼，其状如鸡而赤毛，三尾、六足、四目，其音如鹊，食之可以已忧。

译文

彭水从带山发源，然后向西流入芘湖，水中有很多鲦鱼，形貌像一般的鸡却长着红色的羽毛，还长着三条尾巴、六只脚、四只眼睛，它的叫声与喜鹊的鸣叫声相似，吃了它的肉就能让人无忧无虑。

注释

①鲦：通"鲦"，一种生活在淡水中的灰白色的鱼。

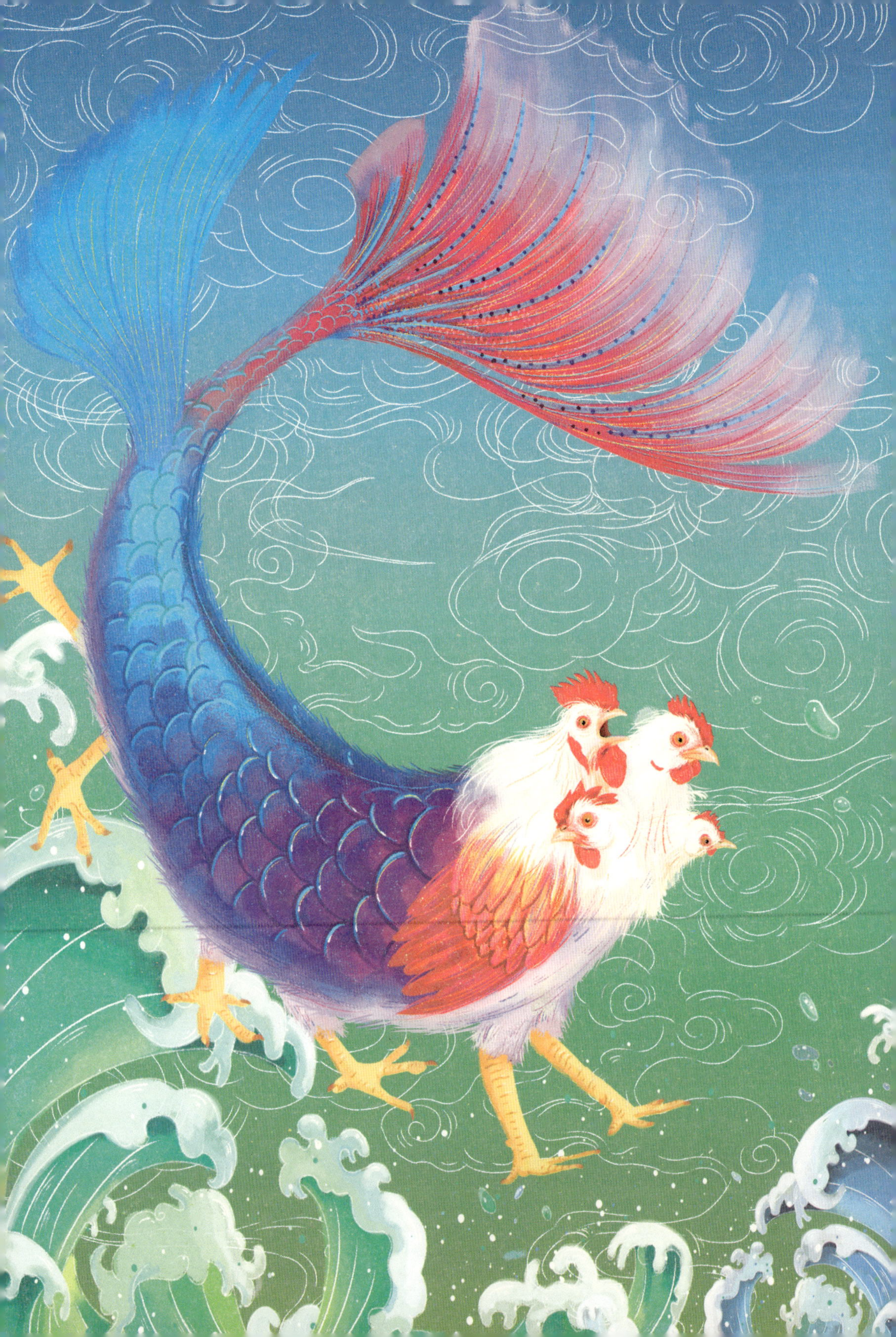

乐而忘忧的鱼

从前有一个少年,他从小父母双亡,一个人住在江边,以打鱼为生。

这个少年的运气很不好,每次跟别人一样出门捕鱼,大家满载而归,他却只能打到几条小鱼。

有一天,少年照常在江边捕鱼。江上阴沉沉的,很快就要变天了,其他人早早就收网回家了,只有一无所获的少年还在坚持撒网。

"这是最后一网了。如果还捞不上东西来,今天就得饿肚子了。"少年将渔网往回拉,他发现渔网沉甸甸的,心里一喜,忙加快了速度。网拉上来后,他发现里面竟然是一条长着四个头、三条尾巴和六只脚的怪鱼。

少年饿坏了,不管三七二十一,将鱼带回家煮了。他吃了一口鱼肉后,只觉得鲜香甘美,而且心中充满了快乐。他立刻意识到这是一种珍贵的鱼。

后来少年听人们说这种鱼叫儵鱼。

鱼鸟篇

北山经

何罗鱼

又北四百里，曰谯（qiáo）明之山。谯水出焉，西流注于河。其中多何罗之鱼，一首而十身，其音如吠（fèi）犬，食之已痈（yōng）。

译文

再往北四百里，有座谯明山。谯水从这座山发源，向西流入黄河。水中生长着很多何罗鱼，这种鱼长着一个脑袋却有十个身子，发出的叫声像狗叫，人吃了它的肉就可以治愈痈肿病。

能治肿痛病的鱼

很久很久以前，谯明山下住着一家三口。这家的儿子叫陈双，他们一家子虽然贫穷，却十分和睦。

陈双长到十六岁的时候，他的父母因为长年劳作都

87

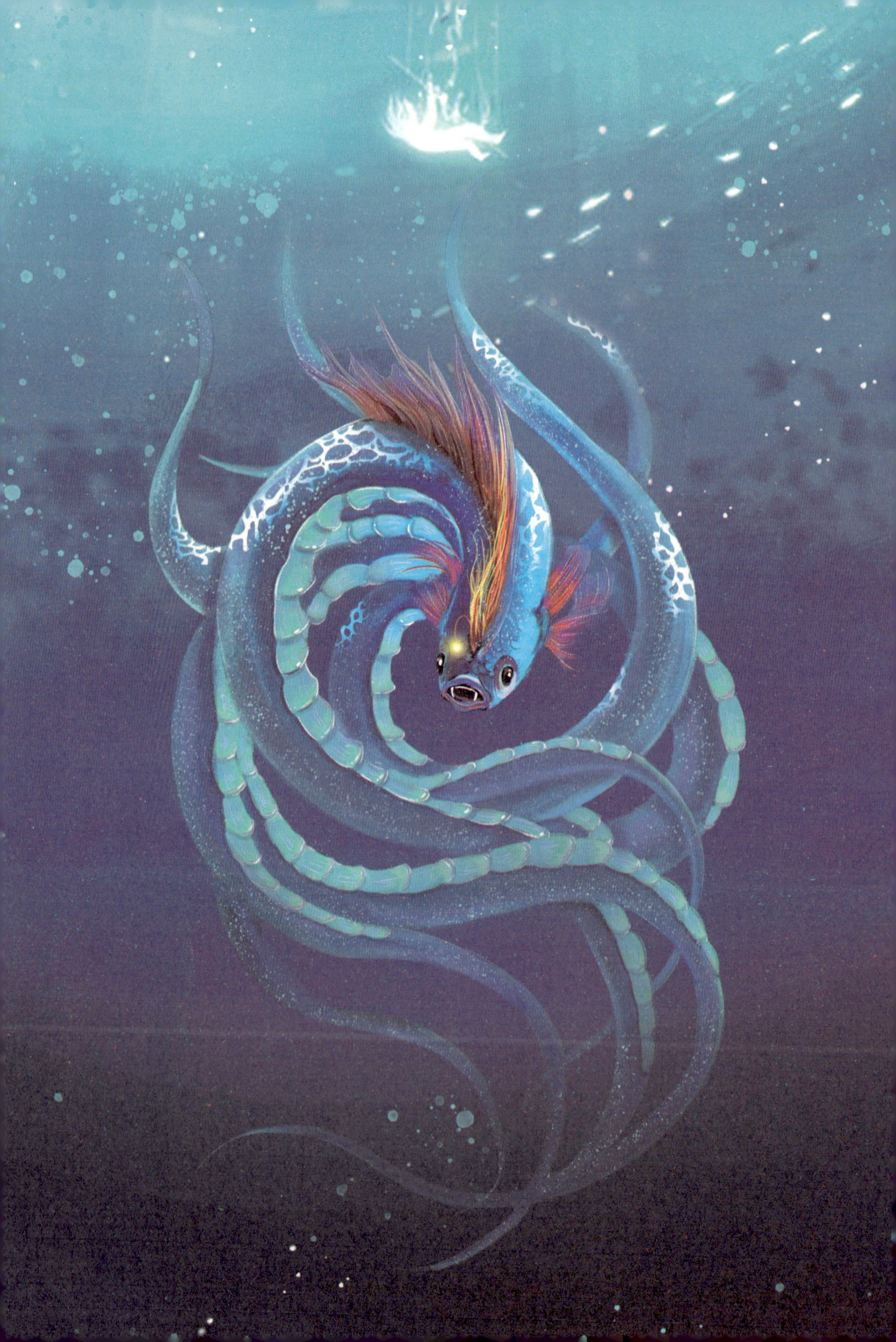

生病了。陈双是个孝子，他包揽了田里的活计，每天辛勤耕种，回家尽心侍奉父母。

陈双的孝心感动了上天，有一天夜里，一位仙女出现在他梦中，对他说："王宫里的贵人得了肿痛病，你可以将何罗鱼献给他。"

陈双醒来后，觉得这个梦十分神奇。他根据梦中仙女的指示，沿着谯水河一直往前走，来到了黄河边上。在黄河水中，他果然看见了长着一个脑袋和十个身子的怪鱼，正是仙女所描述的何罗鱼。

陈双抓了几条何罗鱼装在罐子里。他带着罐子来到王宫门口，侍卫拦住了穿着破烂的陈双。陈双鼓足勇气说："听说王宫里有贵人得了肿痛病，我这里有可以治愈贵人的神药。"

侍卫一听，奇怪地想："王后得肿痛病的消息并没有告诉外面的人，也许这个穷小子真能治好王后的病。"

想到这里，侍卫连忙向国王通报了这个消息。

国王正为王后的病忧心，连忙让陈双进殿，并命人将何罗鱼煮熟，给王后吃下。王后的肿痛病没多久就痊愈了。

陈双得到了丰厚的赏赐。他请来大夫为父母治好了病，一家人过上了富足安定的日子。

北山经

䴅

有鸟焉，群居而朋飞，其毛如雌雉（zhì）①，名曰䴅（jiāo），其鸣自呼，食之已风②。

译文

山中有一种鸟，喜欢成群栖息，也喜欢结队飞行，它的羽毛与雌野鸡相似，名叫䴅。它叫的声音便是自身名字的读音，人吃了它的肉就能治好风痹病。

注释

①雉：外形像鸡，雄的尾巴长，羽毛美丽，多为赤铜色或深绿色，有光泽；雌的尾巴稍短，灰褐色，善走，不能久飞。种类很多，都是珍禽，如血雉、长尾雉等。通称野鸡，有的地区叫山鸡。

②风：风痹病。

成群飞行的鸡

蔓联山下有个小村子,这里的人们日出而作,日落而息,过着平静祥和的日子。

这一年,村子里很多人都患上了风痹症,发病时关节疼痛难忍,严重的连路都走不了。村子里的"赤脚医生"开了一些药,可病人吃下后病情并没有好转。

村子里的人聚在一起商量怎么办，有位老人道："听说蔓联山上的䴅可以治风痹病。"

有人道："可是蔓联山那么大，去哪里找这种鸟呢？"

老人笑道："放心吧，䴅喜欢成群结队地出没。哪里热闹，它们就会飞到哪里。"

于是，村长选了几个体格健壮的年轻人，让他们上山去抓䴅。

几个年轻人背着大网上了山。他们一路上故意吵吵嚷嚷，制造出各种声音。还没等他们爬到山顶，就听见一阵呼啦啦拍打翅膀的声音。

只见一群像野鸡的鸟向年轻人飞过来，停在离他们不远的地方，嘴里还"䴅䴅䴅"地叫着。这种鸟果然像那个老人说的一样，喜欢凑热闹。

年轻人装作不经意的样子慢慢走近，䴅们仍然站在那儿。年轻人忽然张开网，一下子就抓了许多䴅。这些䴅落在网里，叫得更大声了，只是这次的叫声里充满了懊恼和埋怨。

剩下的䴅居然也不跑，而是围在一旁看热闹。这下，又被第二张网给抓住了。

年轻人将䴅带回村子里，病人们吃下䴅的肉后，病痛很快就痊愈了。

北山经

白䳓

有鸟焉，其状如雉，而文首、白翼、黄足，名曰白䳓（yè），食之已嗌（yì）①痛，可以已㿋（chī）②。栎（lì）水出焉，而南流注于杠水。

译文

山中有一种鸟，形貌像普通的野鸡，脑袋上有花纹，长着白色的翅膀和黄色的脚，名字叫白䳓，人吃了它的肉能治好咽喉疼痛，还可以治愈疯癫病。栎水从这座山发源，然后向南流入杠水。

注释

① 嗌：咽喉。

② 㿋：痴呆病，疯癫病。

能治疯癫病的鸟

从前在一个村子里，住着一对夫妻。丈夫是个勤劳的木匠，妻子贤惠温柔，两人相亲相爱，日子过得十分美满。

可是有一天，不幸忽然降临到这个家里。妻子在干活儿时不小心撞伤了头，从此神志不清，患上了疯癫病。木匠为了照顾妻子，不得不减少干活儿的时间，收入也大大减少。家里的积蓄因给妻子治病很快就花光了。

他们的生活从此一落千丈。可是木匠并没有放弃妻子，不仅细心地照顾她，辛苦赚来的钱也都用来给妻子看病了。

有一天晚上，妻子睡着后，木匠来不及休息，就着灯光赶着做一批木匠活儿。一直到天快亮的时候，木匠才忙活完，他也因支撑不住趴在桌上睡着了。

梦里，有位仙女对木匠说："王母娘娘被你的真情感动了，派我送一只白鸐给你。让你妻子吃下它的肉，疯癫病自然就能痊愈。"

木匠醒来后，见桌上真的放着一只鸟。这只鸟的样子像野鸡，脑袋上长着花纹，有着白色的翅膀和黄色的脚。看来这就是仙女说的白鸐了。

木匠忙将白鸐煮熟，喂妻子吃下。妻子吃下白鸐的肉后，立刻就恢复了神志。

木匠见妻子恢复如初，也是欣喜万分。

从此，夫妻俩又过上了幸福的生活。

北山经

竦斯

有鸟焉，其状如雌雉而人面，见人则跃，名曰竦（sǒng）斯，其鸣自呼也。匠韩之水出焉，而西流注于泑（yōu）泽，其中多磁石①。

译文

（灌题）山中有一种鸟，形貌像一般的雌野鸡却长着人的面孔，一看见人就跳跃，名字叫竦斯，它叫的声音便是自身名字的读音。匠韩水从这座山发源，然后向西流入泑泽，水中有很多磁石。

注释

① 磁石：也作"慈石"，一种天然矿石，具有吸引铁、镍、钴等金属物质的属性，俗称吸铁石，学名磁铁。中国古代四大发明之一的指南针，就是利用磁石制成的。

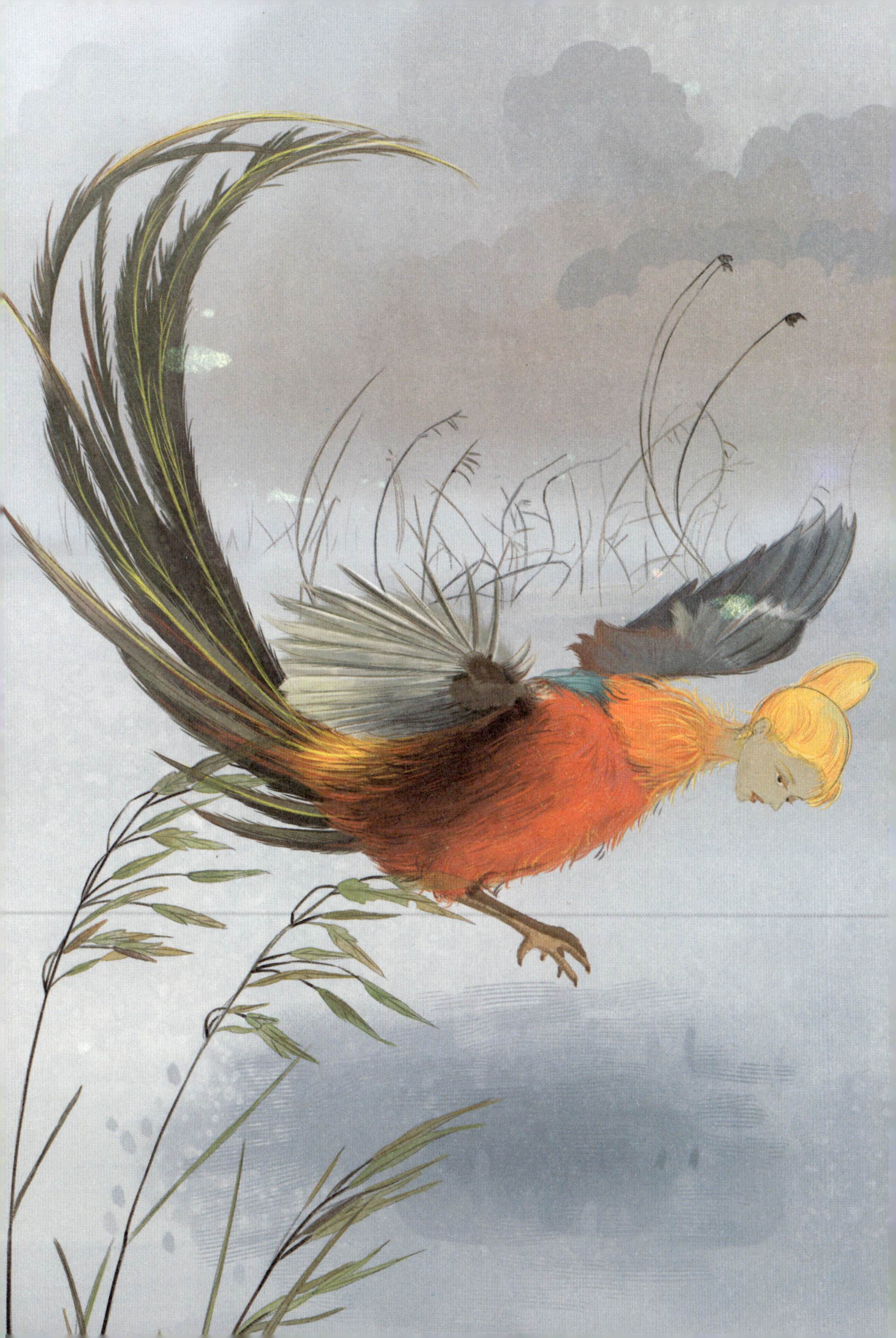

长着人脸的神鸟

从前，灌题山下有个小小的村子，住在这里的人们，祖祖辈辈都以耕田为生。

村子里的人从小就被老人告诫：山上住着一种叫㶉斯的神鸟，没事不要随便到山上去。

有个好奇心重的少年，对同伴们说道："我今天就要到山上去，看看到底有没有这种怪鸟的存在。"

一个同伴道："还是不要上山吧。万一真的有怪物怎么办？"少年嘲笑他道："哈哈，胆小鬼。你不敢来的话，就自己待在这里吧！"

少年说罢，带头向山上跑去。其他人不想被看成胆小鬼，便纷纷跟着跑上山去。几个少年在山里转悠了一圈，发现山上很少有植物，到处都是黑漆漆的石头。

"看来，㶉斯真是长辈们编出来吓唬我们的……"

少年话音未落，只见不远处冒出一只野鸡似的鸟来，它居然长着人的脸，嘴里还发出"㶉斯、㶉斯"的叫声。

"那是㶉斯！真的是㶉斯！"少年们嚷嚷起来，纷纷用手里的锄头砸㶉斯。可奇怪的事发生了，他们手里的锄头却被一股无形的力量吸走了。少年们吓得落荒而逃。

少年们后来再也不敢随便到山里去探险了。

北山经

鳋鱼

又北二百里，曰狱法之山。瀤（huái）泽之水出焉，而东北流注于泰泽。其中多鳋（zǎo）鱼，其状如鲤而鸡足，食之已疣①。

译文

再往北二百里，有座狱法山。瀤泽水从这座山发源，然后向东北流入泰泽。水中生长着很多鳋鱼，形貌像一般的鲤鱼却长着鸡爪子，人吃了它的肉就能治好赘瘤病。

注释

①疣：赘瘤病。

消除肉瘤的鱼

从前有个地主，他家有良田百亩，是远近闻名的富户。可是他对待佃户十分苛刻，常常无故提高租钱。

有一年发生了旱灾，田里的庄稼收成比往年少了一半。许多佃户连肚子都填不饱，更别提及时交租了。

佃户们推举出一位老人来找地主求情，老人道："地主老爷，大家伙儿实在交不上租子。能不能宽限一年，等明年再交？"

地主道："不行，一天也不能拖欠。不然我就要收回你们的地了。"老人无奈地将地主的话转告大家。可是谁家都拿不出足够的钱来，眼看着就要卖儿卖女了，村民不由得抱头痛哭。

地主的妻子很善良，她劝丈夫说："今年情况特殊，不要把人逼得太紧吧。"

"你懂什么？这些人只是想找借口拖欠租钱罢了！"地主固执己见，带着人就要出门去收租。可他忽然发现自己的脸上和身上长出了许多肉瘤。这些肉瘤看起来十分可怕，请了许多大夫也看不好。

地主害怕了，难道自己的做法连老天爷也看不下去了吗？他反省了自己的行为，宽限了佃户们的交租时间，还免去三成的租金。当天晚上，地主梦见一位白头发的神仙对他说："看在你及时醒悟的分儿上，就饶过你这一次。泰泽里有一种鳏鱼，你吃了这种鱼的肉就能痊愈。"

地主醒来后，命人找来鳏鱼，吃下去后脸和身上的肉瘤果然消失不见了。从此，地主痛改前非，变成了一个仁慈大方的人，佃户们也过上了好日子。

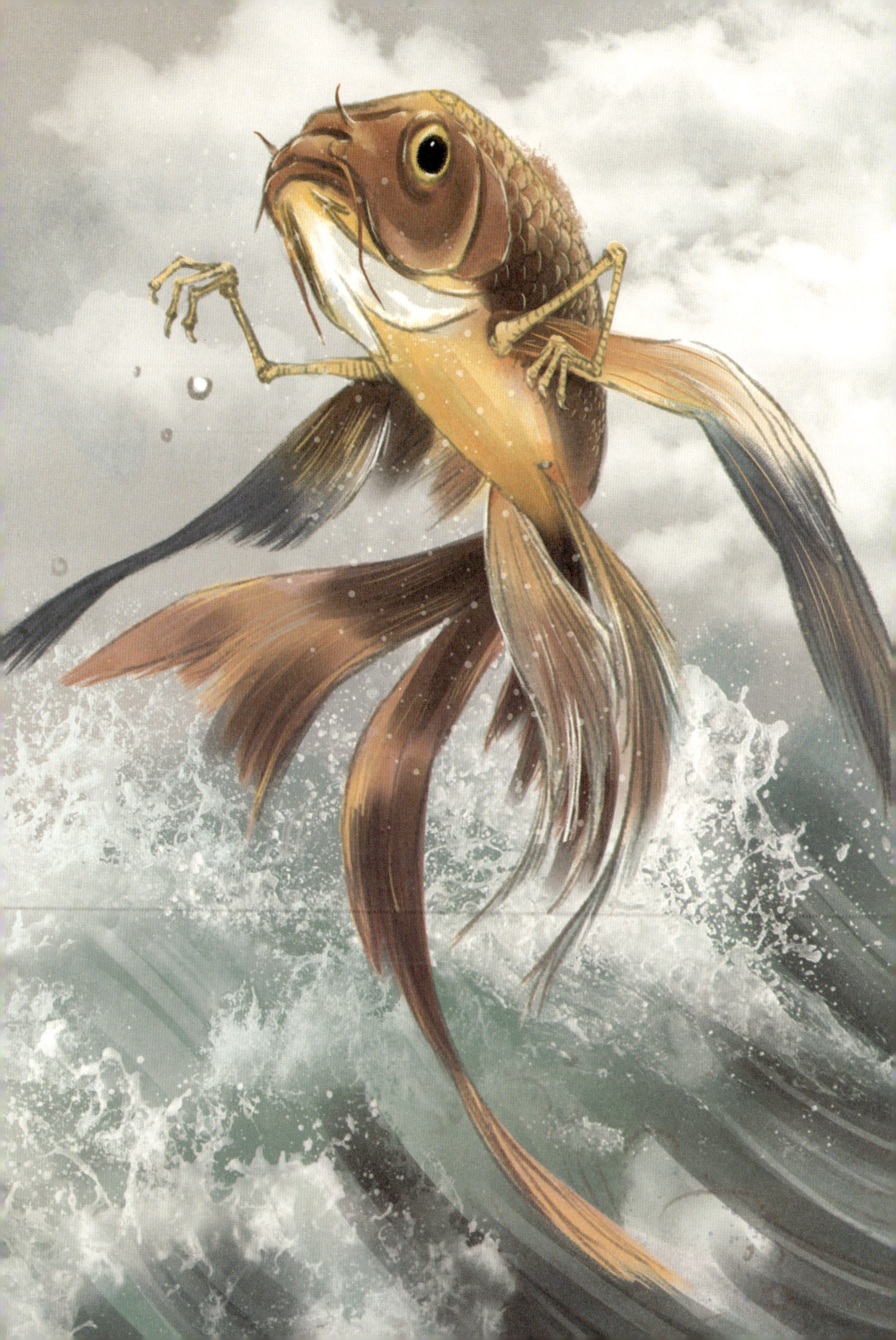

北山经

鮨鱼

诸怀之水出焉,而西流注于嚣(xiāo)水,其中多鮨(yì)鱼,鱼身而犬首,其音如婴儿,食之已狂①。

译文

诸怀水从北岳山发源,然后向西流入嚣水,水中有很多鮨鱼,长着鱼的身子和狗的脑袋,发出的声音像婴儿啼哭,人吃了它的肉就能治愈疯癫病。

注释

①狂:本义是说狗发疯。后来也指人的神经错乱,精神失常。

治疗疯癫病的鱼

很久很久以前,有个小国的公主忽然患上了疯癫病。看了许多大夫都治不好,国王和王后忧心不已。

眼看着公主的病情越来越严重,国王只好贴出皇榜:谁能治好公主的病,就将公主嫁给他,还赏赐无数金银财宝。

皇榜贴出后,整个国家都轰动了。进宫给公主治病的大夫络绎不绝,其中还有很多浑水摸鱼的人,可没有一个人能治好公主的病。

有个年轻的猎户在山里打猎时,抓到了一只小鹿。他见这只小鹿十分年幼,就将它放走了。

不一会儿,一只母鹿领着小鹿出现在猎户面前,忽然口吐人言:"谢谢你放过我的孩子。作为报答,我将让你娶到公主。"

说罢,母鹿领着猎户来到一条河边。只见河里游着许多怪鱼,它们长着鱼的身体和狗的脑袋,不断发出婴儿啼哭的声音。

母鹿道:"这些是鲐鱼。只要让公主吃下鱼肉,她的病就能痊愈。"

说罢,母鹿领着小鹿轻巧地跃过小河,消失在了树林里。

104

猎户半天才回过神来，他想："如果能治好公主的病，倒是一桩好事。"

　　于是，猎户将鲭鱼带到王宫。公主吃下鱼肉后，果然恢复了神志。

　　可国王不愿意将女儿嫁给一个穷小子，只赏赐了他一些金银珠宝，就打发他离开。

　　猎户道："我送鱼肉来只是为了救人，并不是为了钱财。"说罢，转身离去。

　　猎户的话让国王感到有些羞愧。王后听说这件事后，将国王埋怨了一通，又派人将猎户找了回来。王后向猎户致歉，并表示会兑现承诺将公主嫁给他。

　　这时，恢复了神志的公主就躲在帘子后头，当她看见英俊的猎户时，不由得羞红了脸。而猎户也对美丽的公主一见钟情。

　　国王为他们举行了盛大的婚礼。婚后公主和猎户一直相亲相爱。后来，猎户继承了王位，将国家治理得井井有条。

北山经

鶌鶋

有鸟焉，其状如乌，首白而身青、足黄，是名曰鶌（qū）鶋（jū），其鸣自詨，食之不饥，可以已寓①。

译文

山里有一种鸟，形貌像一般的乌鸦，却长着白色的脑袋和青色的身子、黄色的足爪，名字叫鶌鶋，它的叫声便是自身名字的读音，吃了它的肉可以使人不感觉饥饿，还可以医治老年健忘症。

注释

①寓：古人认为寓即"误"字，大概以音近为义，指昏忘之病，就是现在所谓的老年健忘症，或老年痴呆症。也有另一种意见认为寓指疣病，就是中医学上所谓的千日疮，是因病毒感染而在皮肤上生出小疙瘩。

能治健忘症的鸟

　　从前有一位书生，他接连参加三年的会试都落榜了。难道是他不勤奋吗？恰恰相反，他每天都勤学苦读，可是他的记忆力实在太差了，读书时记了这句就忘了那句，因此次次都名落孙山。

　　这天，书生一大早就起来读书，可是读了半天还是记不住几句。眼看着马上又要春闱考试了，书生心中烦闷，便出门去散心。

　　走到集市上时，他远远看见几个纨绔子弟正在欺负一位老人。这位老人衣衫破烂，颤巍巍地坐在地上，手里还提着一只鸟。

　　原来，老人不小心碰脏了一个纨绔的衣服，就被几人扯着要他赔钱。

　　书生看不下去，上前劝道："你们何必为难一个老人呢？"

　　一个纨绔嘲笑道："穷书生，你知道我这身衣裳多少钱吗？有本事你替他赔，不然就滚开！"

　　书生摸摸瘪瘪的钱袋，又看了看可怜的老人，咬咬牙将身上所有的钱都掏了出来赔给他们。

纨绔们拿了钱扬长而去。

老人对书生说:"多谢你帮了我。我无以为报,这只鹠鹠就送给你吧。"

说罢,老人将手里的那只鸟送给了书生。

书生见老人态度坚决,只好收下了。他把身上的钱都给了那些纨绔,正愁要饿肚子呢,于是到家后,就将鸟煮熟吃了。

神奇的事情发生了,书生忽然觉得自己头脑清明无比。他打开书来看,居然能过目不忘!看过的每一个字都牢牢地记在了脑子里!

不久后,书生参加春闱,一举考中了进士。后来他才在书里看到,鹠鹠是一种神奇的鸟,吃了它的肉能治疗健忘症。

象蛇

有鸟焉，其状如雌雉，而五采以文，是自为牝（pìn）牡①，名曰象蛇，其鸣自詨。留水出焉，而南流注于河。其中有鲐（xiàn）父之鱼，其状如鲋鱼，鱼首而彘身，食之已呕。

译文

阳山有一种鸟，形貌像雌野鸡，羽毛上有五彩斑斓的花纹，这种鸟是雄雌同体的，名字叫象蛇，它发出的叫声便是自身名字的读音。留水从这座山发源，然后向南流入黄河。水中生长着鲐父鱼，形貌像一般的鲫鱼，长着鱼的头和猪的身子，人吃了它的肉可以治愈呕吐。

注释

① 牝牡：牝，指雌性的（指鸟兽，跟"牡"相对）；牡，雄性的。

能治呕吐的鱼

很久很久以前，有一位年轻的猎户，他的妻子刚怀孕不久，常常呕吐。看着妻子因为呕吐而憔悴不堪，猎户忧心不已。

村里的老人告诉他："在阳山有种鲐父鱼，吃了它的肉就能止住呕吐。"猎户闻言大喜，连忙问道："这种鱼长什么样子？我要怎么才能找到它呢？"

老人道："鲐父鱼长着鱼头，身体却像一只小猪。只要象蛇出现的地方，就有鲐父鱼。"

猎户道："象蛇又是什么？是一种蛇吗？"老人笑道："象蛇是一种鸟。它不分雌雄，身形像雌野鸡，花纹又像雄野鸡。它的叫声就是它自身名字的读音。"

年轻的猎户走了三天三夜，才赶到阳山脚下。他感到又累又渴，走到河边去喝水。就在这时，草丛里有只色彩斑斓的鸟忽然叫起来："象蛇、象蛇。"

猎户听见，心头一喜："遇到象蛇了！有象蛇的地方，就有鲐父鱼。看来鲐父鱼就在附近。"

猎户凝神观察水里，静静等了一会儿，就看见一只长着小猪身体的鱼忽然跃出水面。猎户忙将这条鱼抓住："看来这就是鲐父鱼了。"

猎户将鱼装进罐子里，急忙赶回了家。他将鲐父鱼炖汤后，给妻子喝下。

妻子喝下鱼汤后，果然止住了呕吐。几个月后，妻子为猎户生下了一个可爱的孩子，一家三口生活得其乐融融。

北山经

酸与

有鸟焉,其状如蛇,而四翼、六目、三足,名曰酸与,其鸣自詨,见则其邑有恐①。

译文

山里有一种鸟,形貌像一般的蛇,却长有四只翅膀、六只眼睛、三只脚,名字叫酸与,它发出的叫声便是自身名字的读音,它在哪个地方出现,哪个地方就会发生使人惊恐的事情。

注释

①恐:害怕,畏惧。

可怕的酸与

在东方有一座景山,山上草木繁茂,到处都是珍奇的草药和名贵的玉石。景山下有个小村子,人们常常进山采摘药草和玉石,生活得富足而舒适。

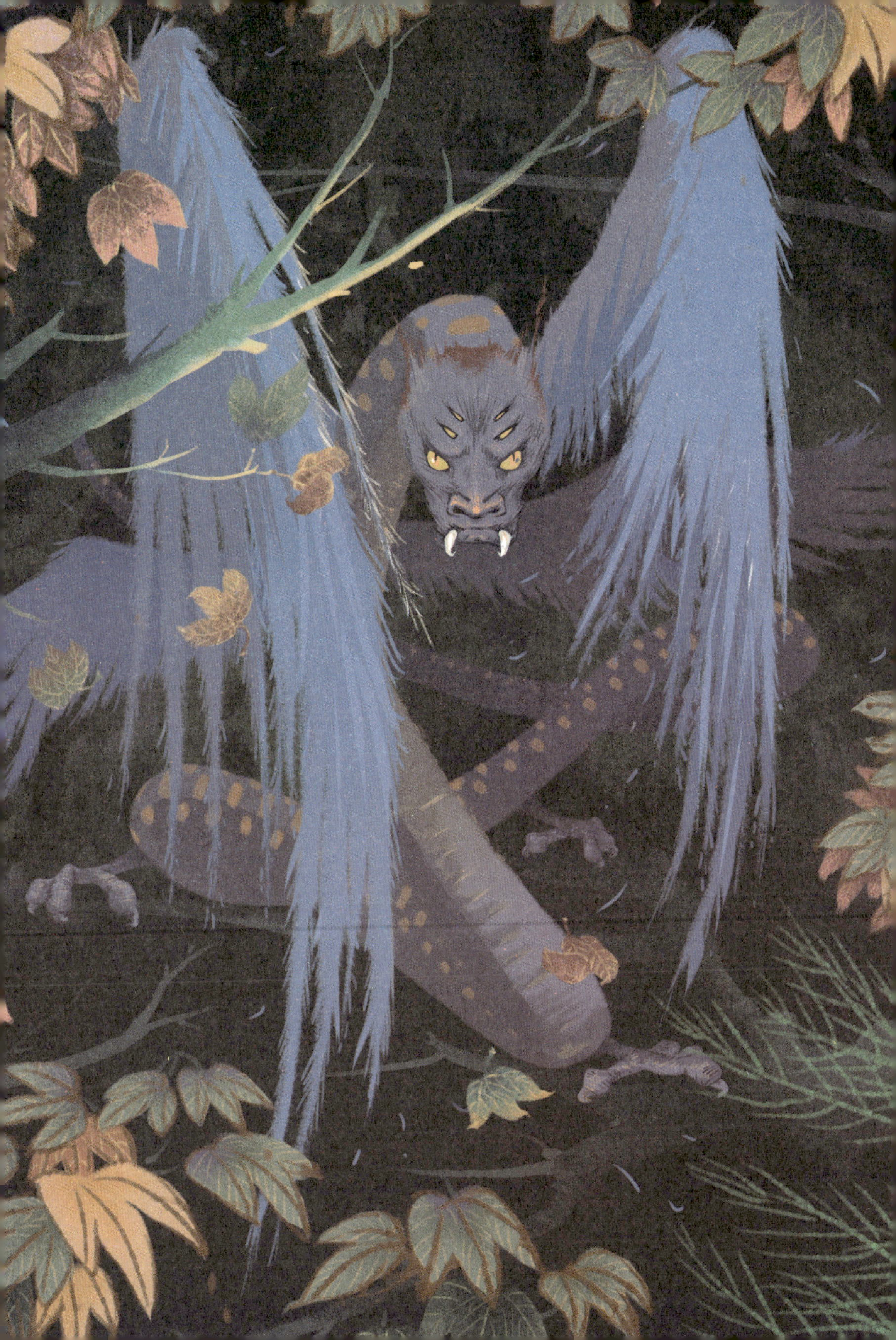

有一天晚上,有个小孩被一种奇怪的声音吵醒了:"酸与……酸与……"

这声音怪异嘶哑,好像在屋顶,又好像在耳边。小孩好奇地坐起身来,向窗外看去。

只见窗户外,在月光的照耀下,有一只身体像蛇,长着六只眼睛、四只翅膀和三只脚的怪物正直勾勾地盯着他。总之让人毛骨悚然。

就在这时,窗外扑剌剌一声响,那怪物转身飞走了。怪物飞走的时候,长长的蛇尾巴在窗台上拖过,吓得小孩再次尖叫起来。

第二天,怪物的事就在村里传开了。原来很多人昨天夜里都见到了那怪物。

有老人说:"这怪物叫酸与。它出现在哪里,哪里就会出现灾祸。咱们得想办法把它除掉。"

这天夜里,他们准备好弓箭,埋伏在院子里。深夜,伴随着"酸与、酸与"的声音,酸与果然又飞来了。它一出现,就被几支箭射中,掉在了地上。

北山经

黄鸟

有鸟焉，其状如枭（xiāo）而白首，其名曰黄鸟，其鸣自诡，食之不妒①。

译文

（轩辕）山中有一种鸟，形貌像一般的猫头鹰，却长着白脑袋，名字叫黄鸟，它发出的叫声便是它自身名字的读音，人吃了它的肉就能不生妒忌心。

注释

①妒：因别人比自己强而怨恨。

让人不再妒忌的鸟

在一个小镇上，有一个员外，他最小的女儿名叫莺莺，眼看着孩子到了议亲的年纪，可是却没有一个媒人上门来说亲。

员外疑惑地问夫人："咱们家境富裕，女儿又长得这么漂亮，怎么没人上门来说亲呢？"

原来，莺莺虽然长得漂亮，心眼却很小，总是妒忌别人。如果听说哪家姑娘长得比自己漂亮，莺莺就会气得发狂，非要跑去亲眼看看，跟人家比个高低。

莺莺逛街的时候，看见别人穿的衣服比自己的漂亮，就妒忌得把自己原来的衣服全部烧掉。甚至看见家里的丫鬟头发比自己的浓密乌黑，也会气得拿剪子把丫鬟的头发全部剪掉。

莺莺妒忌的名声早就传遍了全镇，哪里还有人敢娶这样的媳妇呢？

员外为女儿的婚事发愁得不行。这天，他出门去散心，不知不觉来到了集市上。集市上十分热闹，只见一群人都

围在一个猎户面前，员外也好奇地走上前去。

原来，猎户手提一只鸟，要卖十两银子。

众人都嘲笑道："你在抢钱吗，这种野鸟几文钱就能买一串。"

那猎户振振有词："这可是轩辕山上的黄鸟，吃了它的肉，就能让人不再妒忌。"

话音未落，只见员外挤上前去，掏出银子来："我买！"

员外提着黄鸟兴冲冲地回到家，让人把鸟肉煮熟后给女儿吃下。说来也怪，莺莺小姐吃下黄鸟肉后，竟真变得温柔大度起来。很快，她就嫁给了一位公子，夫妻俩恩爱和睦，相敬如宾。

北山经

人鱼

又东北二百里，曰龙侯之山，无草木，多金玉。决（jué）决之水出焉，而东流注于河。其中多人鱼，其状如鯑（tí）鱼①，四足，其音如婴儿，食之无痴疾。

译文

再往东北二百里，有座龙侯山，山上不生长花草树木，有丰富的金属矿物和玉石。决决水从这座山发源，然后向东流入黄河。水中有很多人鱼，形貌像一般的鲐鱼，长有四只脚，发出的声音像婴儿哭啼，吃了它的肉就能使人不得疯癫病。

注释

①鯑鱼：鲵鱼。

报恩的人鱼

传说龙侯山中有很多美玉，一条名叫厌染水的河从山的南面蜿蜒而下流入洛水，河中有很多可以治疗痴呆症的人鱼。山下的很多村民有的进山找玉石，有的到河中找人鱼，但他们都空手而归。人们对这座光秃秃的山渐渐失去了兴趣。

山下村庄里有一个名叫归的穷孩子，家中只有他和体弱多病的奶奶，他们没有田地，全靠归挖野菜为生。

一天，归正在河边挖野菜，忽然，一只大鸟飞过来，它从水中叼起一条怪鱼。怪鱼挥动着四只公鸡爪子一样的脚拼命挣扎，嘴里发出婴儿般的哭声。归见四脚鱼哭得可怜，就捡石子往大鸟身上扔，大鸟受到惊吓，丢下四脚鱼逃走了。归看着四脚鱼，又惊又喜道："你是人鱼吗？我听奶奶讲过，人鱼会像婴儿一样哭。"

人鱼点了点头："我就是人鱼，我今天顺水游到山下玩耍，没想到会遇到危险，差点儿丢了性命，谢谢你救了我！"

人鱼为了报答归的救命之恩，决定带着归去找玉石。人鱼在水里游，归在岸上跟着走，走着走着，他们来到一片布满卵石的河滩，卵石中有很多光泽圆润的美玉。

归非常高兴，他捡了很多玉石。人鱼说："这座山的西面有一片名叫墦冢的树林，谷水从树林里流过，然后向东南流入洛水，水中也有很多玉石呢。"

归告别人鱼，回到家中。他按照人鱼的指点，经常到山中捡玉石，从此，他和奶奶过上了幸福美满的日子。

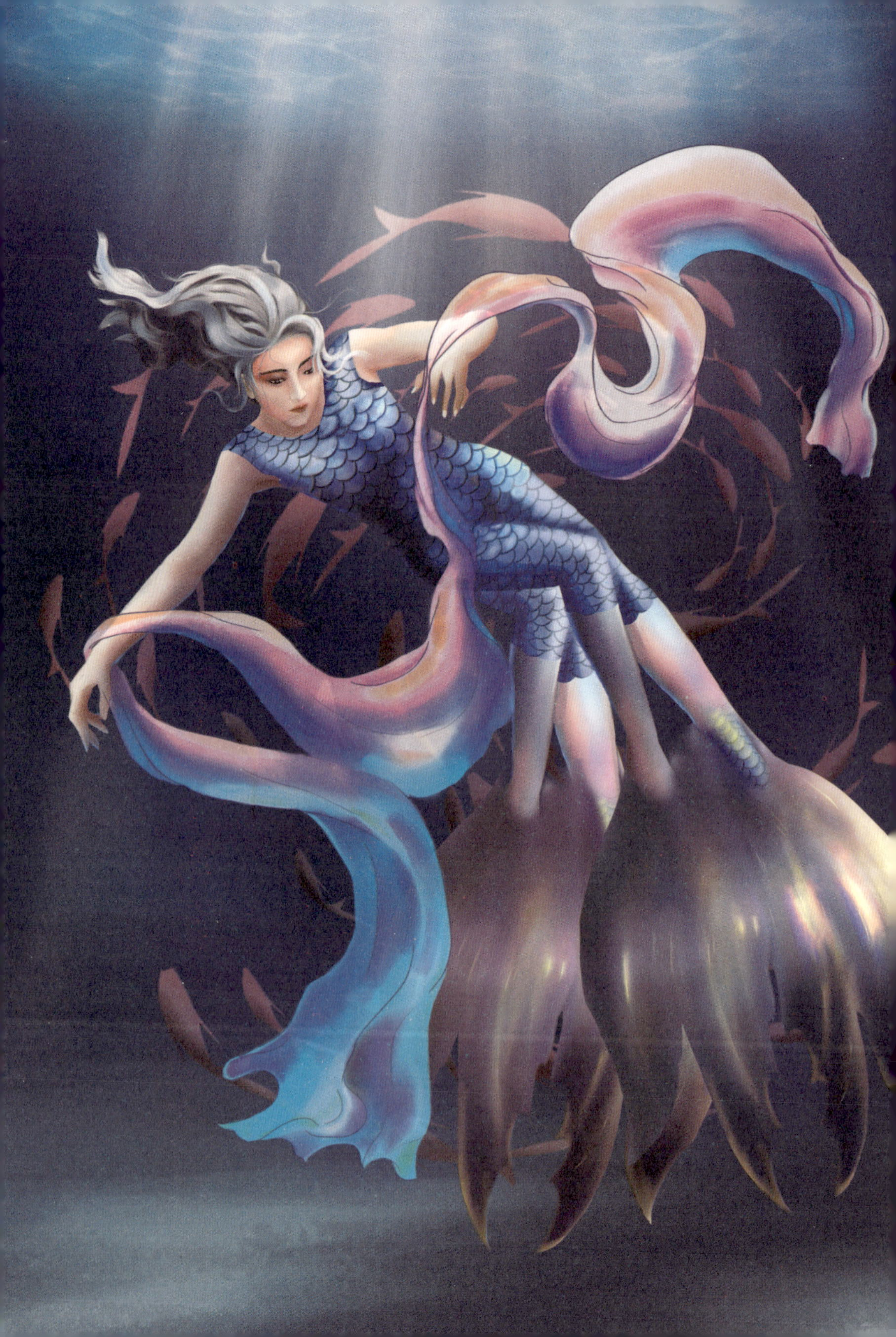

鱼鸟篇

东山经

蛰鼠

又南三百里，曰栒状之山①，其上多金玉，其下多青碧石②。有兽焉，其状如犬，六足，其名曰从从，其鸣自詨。有鸟焉，其状如鸡而鼠毛③，其名曰蛰（zī）鼠，见则其邑大旱。

译文

再往南三百里，是栒状山，山上有丰富的金属矿物和玉石，山下有丰富的青碧石。山中有一种野兽，形貌像一般的狗，却长着六只脚，名字叫从从，它发出的叫声便是自身名字的读音。山中有一种鸟，形貌像普通的鸡却长着老鼠的毛，名字叫蛰鼠，它在哪个地方出现，哪个地方就会有大旱灾。

注释

① 栒状之山：栒状山，在今山东省境内。
② 青碧石：青绿色的石头。
③ 毛：一说应作"尾"。

蜚鼠的克星

从前有座栒状山，山上盛产玉石和矿物。有一年，栒状山方圆百里发生了大旱灾，庄稼颗粒无收，人们每天只能去几十里外的山里挑水喝。

有一天，一个少年去山里挑水时，忽然看见一只奇怪的鸟。那只鸟长着鸡的身体，却有一身老鼠的毛，还有条长长的鼠尾巴。

这只怪模怪样的鸟蹲在河边的石头上。少年忍不住捡起一块石头丢向它，那怪物飞快地跑了。

少年回村后，将这件怪事告诉了村里人。

一位老人说："你看见的怪物叫蜚鼠，它出现在哪里，哪里就会发生旱灾。"

众人忙说："那要想办法把它赶走才行！"

老人又说："蜚鼠的克星是从从。在蜚鼠出现的地方就能找到从从。"

于是，人们来到少年发现蜚鼠的地方设下陷阱，没多久，果然抓到了一只长着六只脚的动物，它长得像狗一样。人们将从从养在村子里，没多久，天降大雨，旱灾就解除了。

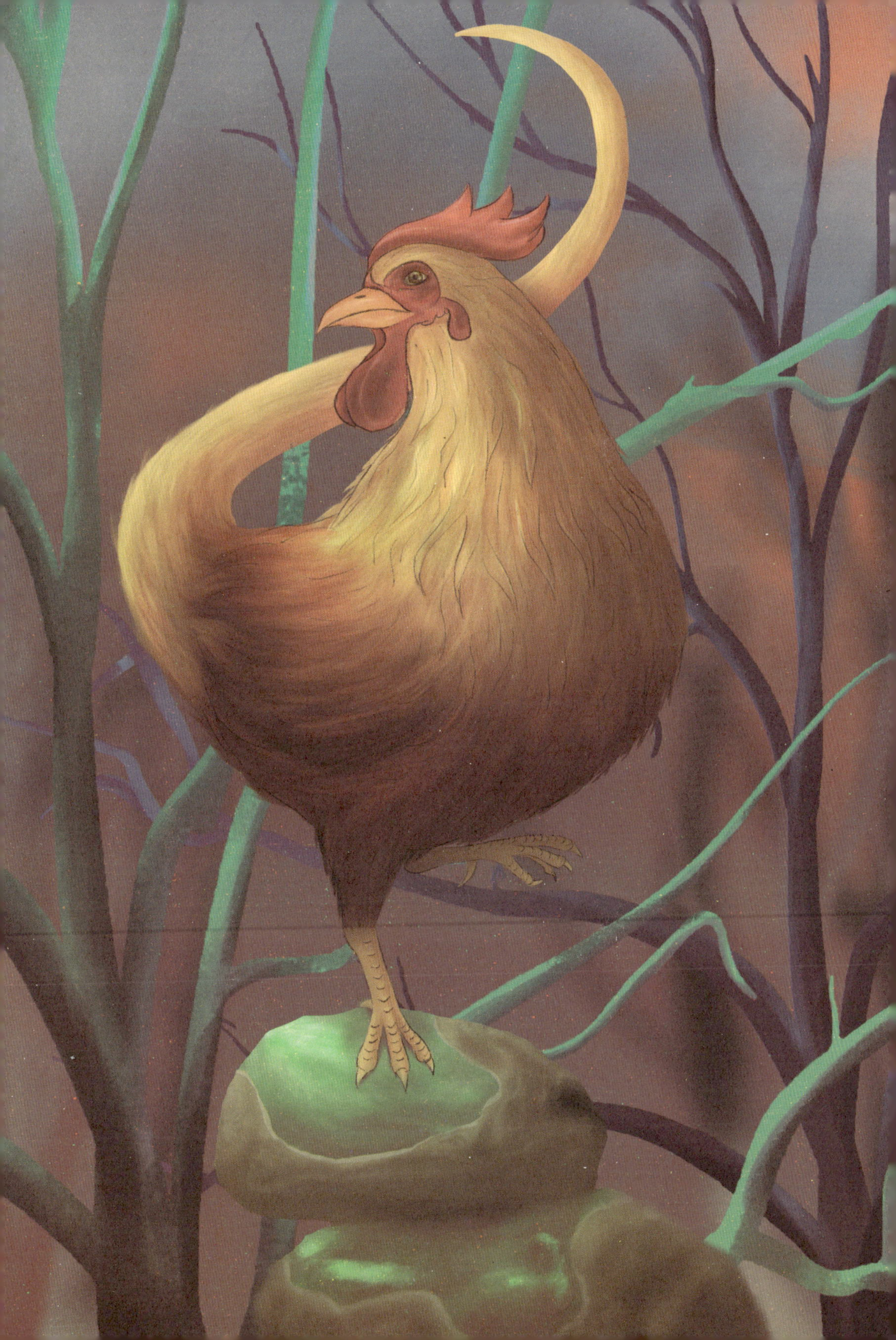

东山经

鲛鲛鱼

有鱼焉，其状如鲤①，而六足鸟尾，名曰鲛（gé）鲛之鱼，其鸣自讪。

译文

水中生长着一种鱼，形貌像一般的鲤鱼，却有六只脚和鸟一样的尾巴，名叫鲛鲛鱼，它发出的叫声便是它自身名字的读音。

注释

① 鲤：鲤鱼。体侧扁而长，背部呈苍黑色，腹部呈黄白色，有的尾部或全身呈红色，口边有须两对。

智斗大蛇

跂踵山上有一个很大的水潭，叫作深泽，方圆四十里都涌动着泉水。可山里却寸草不生，只有丰富的玉石矿。因此，山里没有野兽和鸟儿。

深泽里有许多鲛鲛鱼和蠵龟。鲛鲛鱼长得像鲤鱼，却

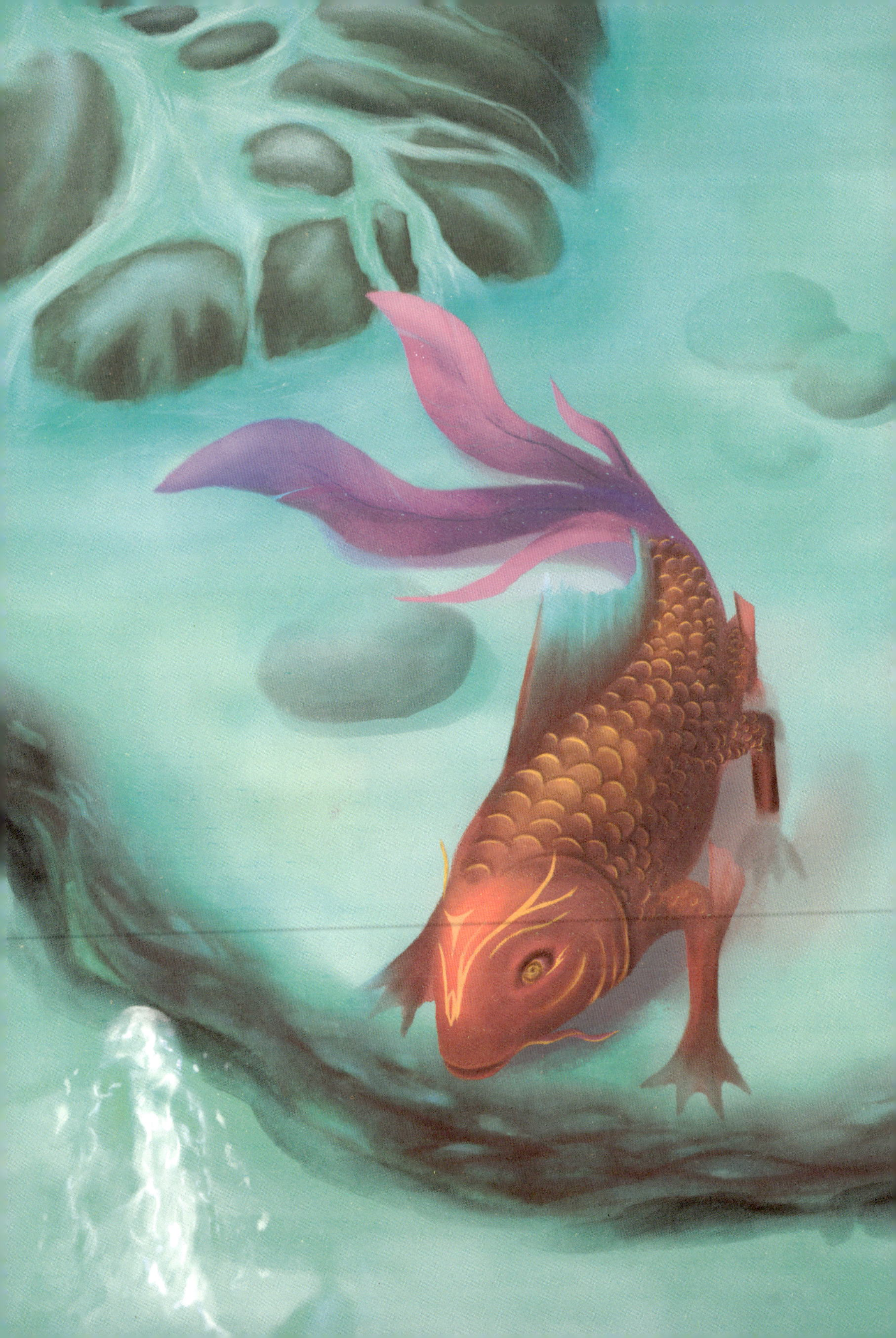

有六只脚和鸟一样的尾巴，经常发出"鲐鲐"的声音。而蠵龟是一种背上有花纹的大龟。

因为山里没有其他野兽，鲐鲐鱼只能和蠵龟做伴。

有一天，人们扛着锄头和树苗进山来了。因为觉得这山上光秃秃的，人们就想种些树木和花草。正当他们热火朝天地种着树，忽然冒出一条巨大的蛇，把他们都吓跑了。

大蛇得意扬扬地说："山上可是我的地盘，怎么能允许人类进来呢？"

鲐鲐鱼气愤地说："我可不想在这光秃秃的地方过一辈子！"

蠵龟也赞同鲐鲐鱼的看法。它们商议出一个法子来除掉大蛇。

蠵龟捡来很多长得像它自己的石头堆在岸边，然后自己上岸去引诱大蛇过来。大蛇果然上当，一口气将这些石头全都吞了下去。

大蛇肚子里塞满了石头，很快就奄奄一息了。

大蛇死后，人们又上山来种树和花草。没多久，跂踵山上就绿树成荫，鲜花遍地，山里还出现了小动物和鸟儿，变得热闹起来。

鲐鲐鱼和蠵龟再也不寂寞了。

东山经

𩿨雀

有鸟焉，其状如鸡而白首①，鼠足而虎爪，其名曰𩿨(qí)雀，亦食人。

译文

（北号）山中有一种鸟，形貌像普通的鸡却长着白色的脑袋、老鼠一样的脚和老虎一样的爪子，名字叫𩿨雀，也是能吃人的。

注释

①白首：这里指白色的头。

智斗食人鸟

北海边有一座北号山，山下有一条河，名为食水。北号山上物产丰富，有许多珍奇的草木和动物，可也有一些吃人的怪物。因此山下的村民都不敢进山，平时只在山脚下摘些果实和草药。

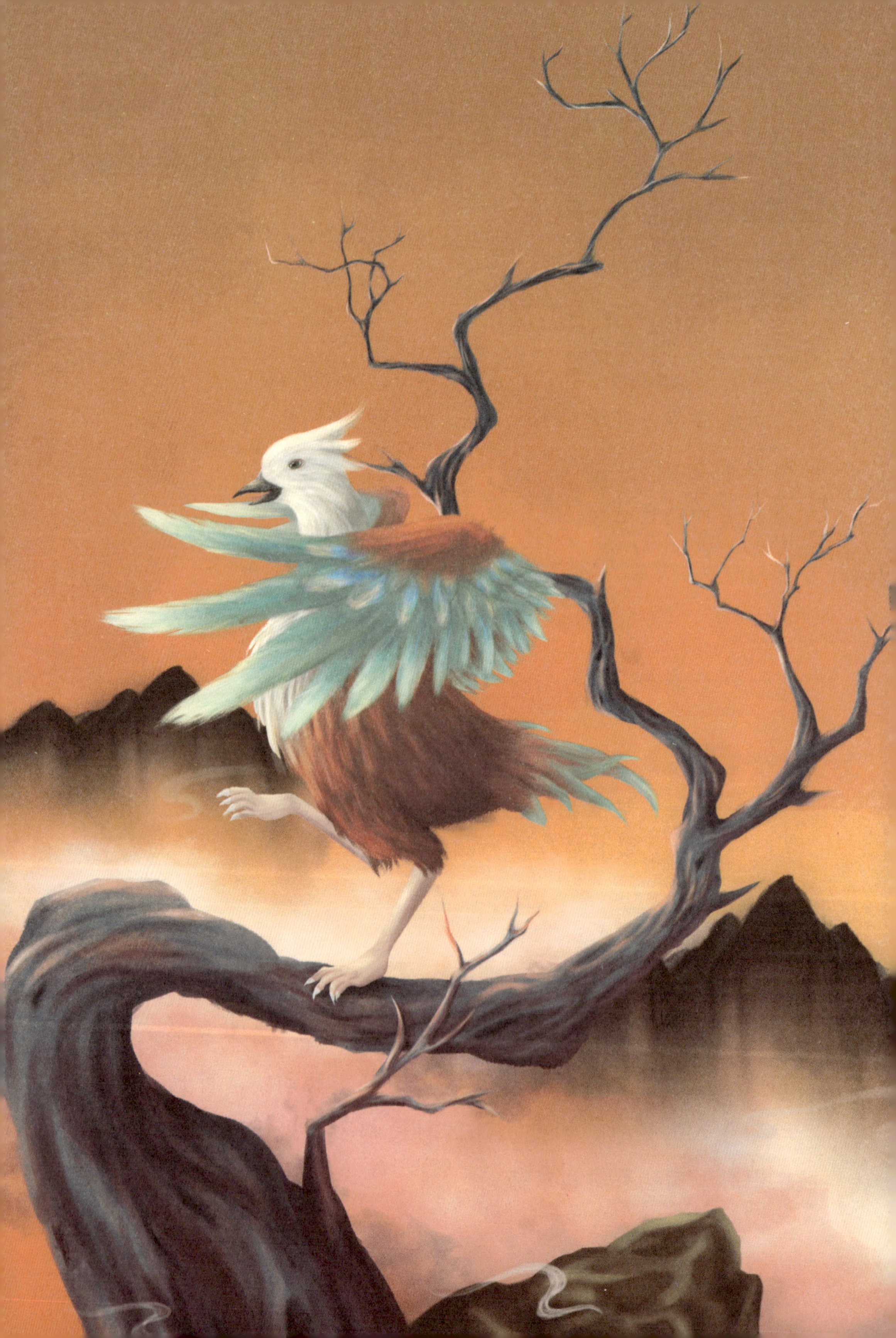

可是这一年，村子里忽然连续丢失了几个孩子。

人们议论纷纷："这是山上的野兽下来吃人了！"

"我们世代住在村里，以前可从没发生过这样的事啊。"

这时，一位见多识广的猎户从地上捡到了几片羽毛，他说："这是鴸雀的羽毛。它住在山上，是一种吃人的怪鸟。"

看来，失踪的孩子是凶多吉少了。丢了孩子的父母哭得伤心欲绝。

猎户看见这种情景，气愤地说："一定要想办法除掉这个怪物！"

猎户带领村民们做了很多带刺的木球，又在木球外裹上稻草，扎成稻草人。他们将稻草人摆在院子里，套上小孩的衣服，静静等待鴸雀的到来。

到了晚上，鴸雀果然来了。村民们躲在屋子里，听见外头扑扇翅膀的声音，吓得大气也不敢出。

没多久，只听见一阵惨叫，村民们赶紧跑出去，只见院子的地上有一摊血迹，鴸雀不见了。第二天，人们沿着血迹一路追去，在山坡上发现了死去的鴸雀。

从此，村子里又恢复了平静。

东山经

鸀䴌

又南三百里，曰卢其之山，无草木，多沙石。沙水出焉，南流注于涔（cén）水，其中多鹠（lí）䴌（hú）[①]，其状如鸳鸯而人足，共鸣自讨，见则其国多土功。

译文

再往南三百里，有座卢其山，山上不生长花草树木，到处是沙子、石头。沙水从这座山发源，向南流入涔水，水中有很多鹠䴌鸟，形貌像一般的鸳鸯，却长着人一样的脚，发出的叫声便是它自身名字的读音，它在哪个国家出现，哪个国家就会大兴土木。

注释

①鹕鸼：即鹈鹕鸟，也叫作伽蓝鸟、淘河鸟、塘鹅。它的体长可达 2 米，羽毛多是白色，翅大而阔，下颌底部有一大的皮囊，能伸缩，可以用来兜食鱼类。因为它的四趾之间有全蹼相连，所以古人认为其足类似人脚。

长着人脚的鸟

相传很久很久以前，在耿山南边的三百里处，有一座卢其山。这座山上沙石成堆，没有花草树木生长。还好山上有一条河，叫作沙水。

沙水沿着山坡流淌下来，山下的村民们就靠这条河浇灌田地，过着日出而作、日落而息的日子。

有一年，沙水河边忽然出现了很多长相奇怪的鸟儿。这种鸟儿长得像鸳鸯，却有一双人的脚，叫声是"鸳鹕"。人们便将这种鸟称为"鸳鹕"。

鸳鹕在河边用一双脚拼命地挖土，一刻也不休息，嘴里还"鸳鹕、鸳鹕"地叫着。没多久，河边就出现了很多的沙坑。

一位见多识广的老人说："这种鸟长着人的脚，象征着一生操劳。当它出现的时候，就代表天下要大兴土木。看来，咱们得早做准备啊。"

果然，没多久就传来朝廷征徭役的消息。附近村子里有很多村民都被官兵抓走了，只剩下老弱妇孺。原来当时的皇帝好大喜功，觉得自己现在的宫殿还不够华丽气派，于是派兵在民间征集农夫去修建宫殿。

现在，征丁的官兵们马上就要来到卢其山了。而村民们因为鸳鹕的警示，早早就拖家带口地躲进了深山。

鸟兽篇

东山经

絜钩

有鸟焉，其状如凫（fú）①而鼠尾，善登木②，其名曰絜（jié）钩（gōu），见则其国多疫。

译文

山中有一种鸟，形貌像野鸭子却长着老鼠一样的尾巴，擅长爬树，名字叫絜钩，它在哪个国家出现，哪个国家就会发生瘟疫。

注释

①凫：野鸭子。
②登木：爬树。

可怕的瘟疫传播者

絜钩住在满是瘴气的山谷里，它长得非常像野鸭子，却拖着一条老鼠尾巴，而且很擅长爬树。它出现在哪里，哪里就会发生瘟疫。

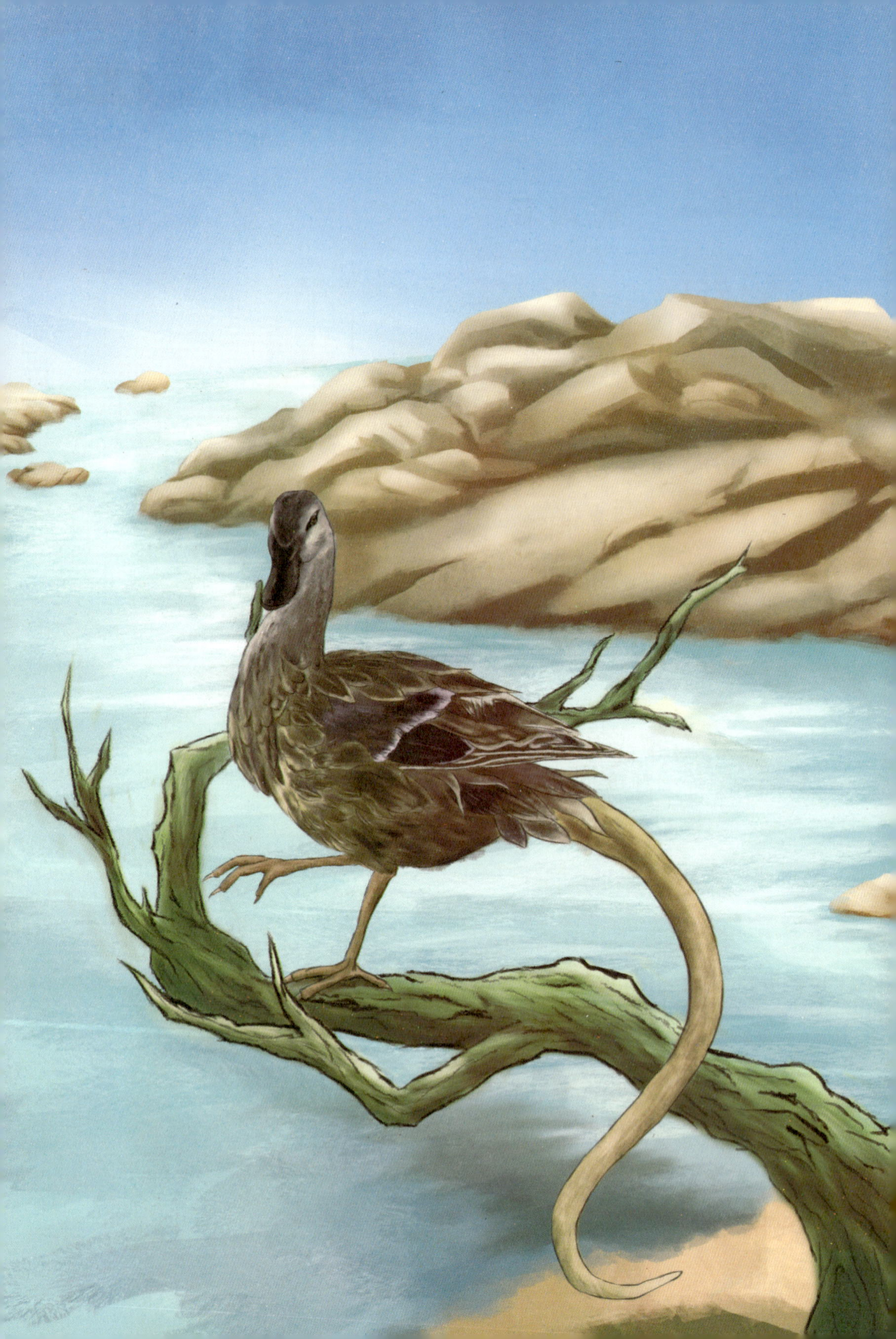

有一年，大地洪水肆虐，很多毒蛇怪兽跑到人间作乱，絜钩也趁机溜了出去。

在一个平静的小村庄里，忽然暴发了传染病，一夜间许多人都病倒了。大夫来看也查不出原因，只说："这是瘟疫。如果找不出瘟疫的来源，病人很快就要没命了。"

这时，有个生病的孩子说："我看见树上有一只长着老鼠尾巴的鸭子。"

大夫道："这是絜钩。听说它出现在哪里，哪里就会发生瘟疫。"

一位少年决心要杀死絜钩，平息这场灾祸。他背上弓箭，漫山遍野地寻找，终于在一棵大树上找到了絜钩。

少年一箭射过去，可絜钩却毫发无伤。原来，人间的武器无法杀死絜钩。就在少年无计可施时，一只神鸟翩翩飞来，将嘴里叼着的金色神箭给了少年。

少年用这支神箭射死了絜钩，神鸟吐出一口火焰，将絜钩的尸体烧成了灰烬。

"多谢神鸟相助。"少年虔诚地拜谢了神鸟，又道，"可我的乡亲们还病着，请您救救他们吧！"

神鸟便从身上拔下一根羽毛送给少年。

少年回到村里，烧开一锅水，将神鸟的羽毛放进去。刹那间，锅里的水清香四溢，病人们喝下水后，很快就痊愈了。

中山经

鸣蛇

又西三百里，曰鲜山，多金玉，无草木。鲜水出焉，而北流注于伊水。其中多鸣蛇，其状如蛇而四翼，其音如磬（qìng）①，见则其邑大旱。

译文

再往西三百里，有座鲜山，山里有丰富的金属矿物和玉石，但不生长花草树木。鲜水从这座山发源，然后向北流入伊水。水中有很多鸣蛇，形貌像一般的蛇却长着四只翅膀，叫声如同敲磬的声音，它在哪个地方出现，哪个地方就会发生旱灾。

注释

① 磬：古代打击乐器。用石或玉制成，形如曲尺，悬于架上，用木槌击奏。单一的叫特磬，成套的叫编磬。

荒山上的乐器声

北方有一座鲜山,传说这座山上寸草不生,到处都是名贵的玉石与金属矿物。许多来寻找玉石的人,却都是有去无回。久而久之,鲜山也成了一处神秘的禁地。

有一天,当人们在山脚附近砍柴摘野果时,听见山里隐约传来了悦耳的敲击乐器的声音。

人们吓得不轻,太阳落山的时候就急匆匆往家里赶,把门窗紧闭。村东头住着一位年轻的猎户,仗着自己武艺高超,根本不把这怪声放在心上。他每天照常出门去打猎,到了夜里才回来。

这天,猎户满载而归,回家的时候天已经黑了。他走到村口时,忽然瞧见村口的大树上盘着一条像蛇一样的东西。猎户定睛一看,发现它居然长着四只翅膀,嘴里发出像敲磬一样的鸣叫声。

猎户拉开弓箭,一箭就将这条怪蛇射落了。这条蛇一落地,天上就下起了大雨。猎户忙捡起怪蛇的尸体,回家去了。

第二天一早,猎户将怪蛇的尸体拿给村民们看。

村里的教书先生说道:"这是鸣蛇。传说鸣蛇出现的地方,就会大旱。你可是为村里立了大功啊!"

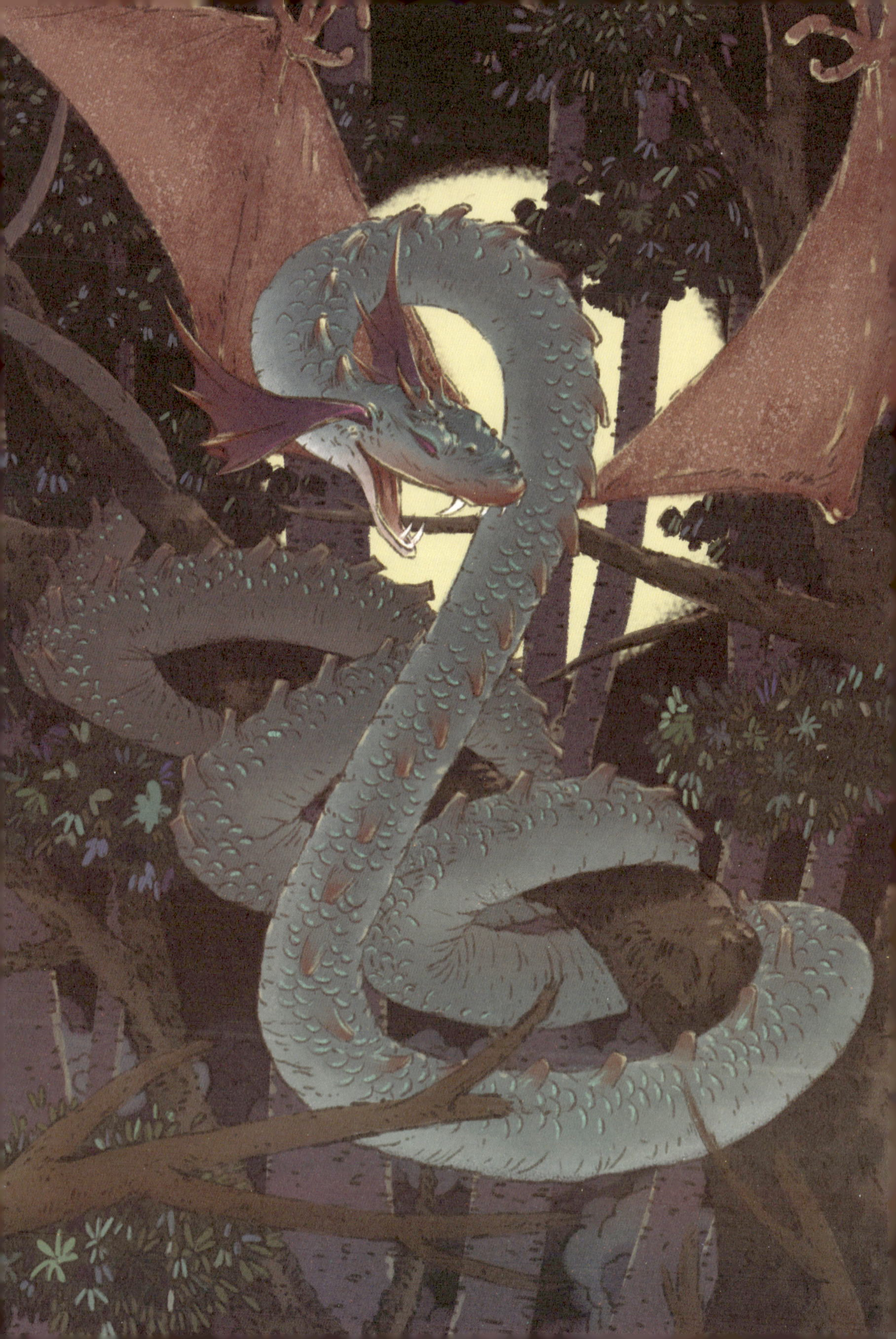

中山经

化蛇

又西三百里，曰阳山，多石，无草木。阳水出焉，而北流注于伊水。其中多化蛇，其状如人面而豺①身，鸟翼而蛇行②，其音如叱（chì）呼，见则其邑大水。

译文

再往西三百里，有座阳山，山上到处是石头，没有花草树木。阳水从这座山发源，然后向北流入伊水。水中有很多化蛇，形貌是人的面孔，长着豺一样的身子、鸟一样的翅膀，像蛇一样地爬行，发出的声音如同人在呵斥，它在哪个地方出现，哪个地方就会发生水害。

注释

①豺：一种凶猛的动物，比狼小一些，体色一般是棕红色，尾巴的末端是黑色，腹部和喉部是白色。

②蛇行：蜿蜒曲折地伏地爬行。

会骂人的蛇

从前有一座阳山,山上寸草不生,到处都是石头。而阳山脚下有一条河,叫作阳水,阳水边有一个小村庄。

这年秋天,一连下了数月大雨,洪水泛滥,大水浸泡着即将收割的庄稼,也冲垮了人们的房屋。村民们只能搬着铺盖,躲进祠堂里住。

村民们又冷又饿,粮食也快吃完了,便抱怨道:"这样下去,我们今年的庄稼就全完了。"

"从来没见过这么大的雨。难道是得罪神明了吗?"

有一位见多识广的老人说道:"传说有一种怪物叫化蛇,长着人面蛇身,它出现在哪里,哪里就会发洪水。"

可是其他人都没把老人的话当真,只有一位少年听进去了,他问老人:"如果遇到化蛇,要怎么杀死它呢?"

老人笑呵呵地说:"化蛇最怕酒,沾到一点儿就会醉得全身无力。这个时候就可以趁机杀死它了。"

少年听完,一夜都没睡着。第二天天不亮,他就背上柴刀,提着一个酒葫芦出发了。

少年沿着阳水一路往北走,却没有发现化蛇的踪迹。难道化蛇根本不存在吗?

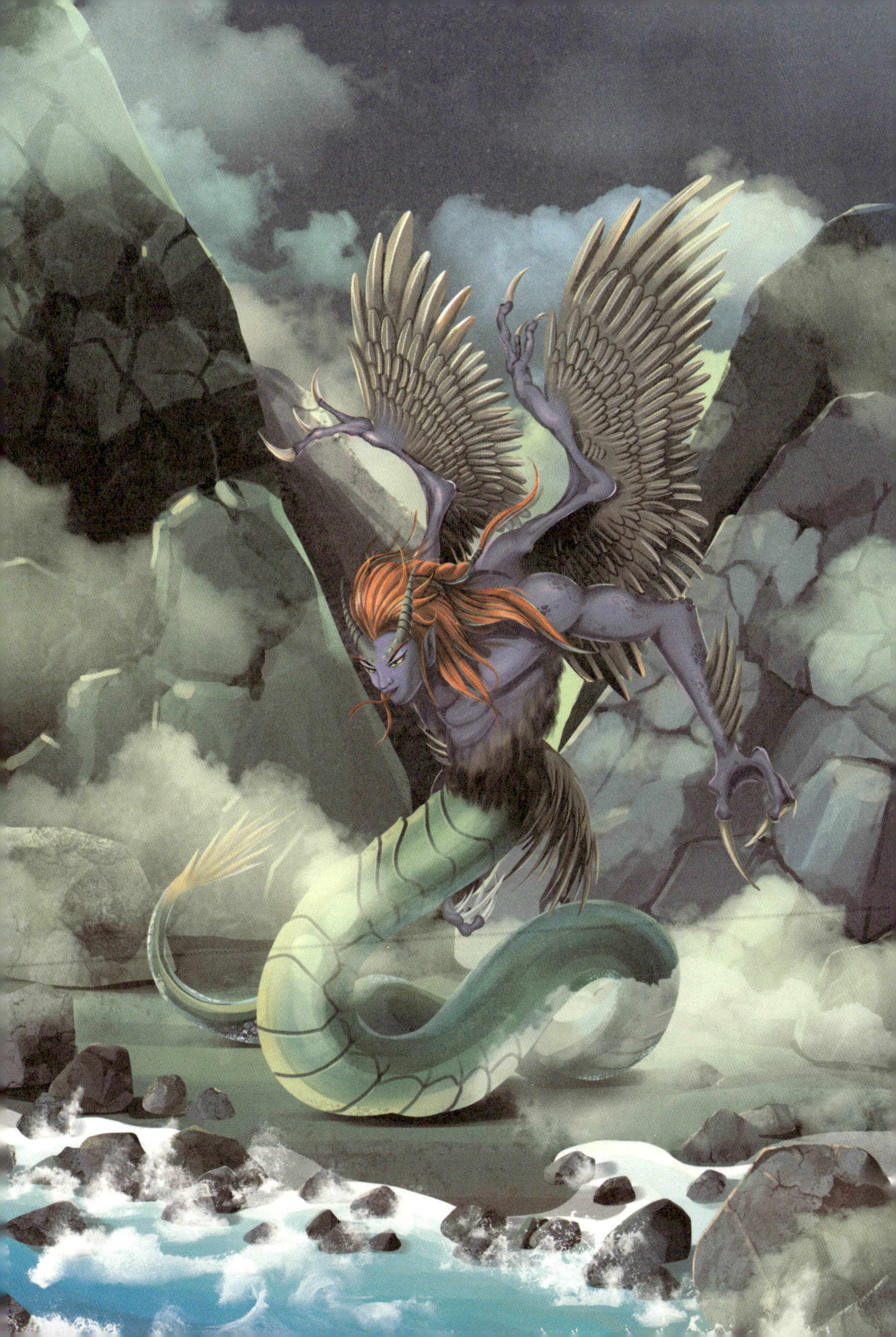

就在少年想要回家的时候，忽然听见前面有女人叱骂的声音。

少年奇怪地想："这儿洪水泛滥，怎么会有女人的声音？"

少年好奇地循着声音往前走，就看见水里躺着一条人面豺身的怪物！它嘴巴一张一合的，骂人的声音正是它发出来的。这就是老人说的化蛇。

少年被吓了一跳。可想到乡亲们正在遭受洪水的侵扰，便鼓起勇气，偷偷将葫芦里的酒倒进河水里。没一会儿，化蛇就软绵绵地倒在了水里。

少年趁机消灭了化蛇。

顷刻间，大雨停歇，天上的乌云散开，洪水也退去了。

中山经

鸰䳩

又西十里，曰厹（guī）山，多㻬（tū）琈（fú）①之玉。其西有谷焉，名曰蓷（guàn）谷，其木多柳楮（chǔ）。其中有鸟焉，状如山鸡而长尾，赤如丹火而青喙，名曰鸰（líng）䳩（yāo），其鸣自呼，服之不眯。交觞（shāng）之水出于其阳，而南流注于洛；俞随之水出于其阴，而北流注于谷水。

译文

再往西十里，有座厹山，这座山的北面盛产㻬琈玉。山的西面有一道峡谷，叫作蓷谷，这里的树木大多是柳树、构树。山中有一种鸟，形貌像野鸡却拖着一条长长的尾巴，身上羽毛通红，还长着青色嘴巴，名字叫鸰䳩，它发出的叫声便是自身名字的读音，吃了它的肉就能使人不做噩梦。交觞水从这座山的南麓流出，然后向南流入洛水；俞随水从这座山的北麓流出，然后向北流入谷水。

注释

①瑸琈：一种美玉。

能治噩梦的鸟

从前，南方的山谷里住着一个部落。部落的族长是个顶天立地的英雄，他带领着族人狩猎，每次捉到猎物都先分给孤儿寡母和其他族人。

有一天，从山外忽然来了一群穿着锦衣华服的人。为首的人拿出一袋黄金，傲慢地对族长说："贵人们听说这座山里有一种鸟叫鸽鹦，吃了它的肉可以让人只做美梦，不做噩梦。你们去把这种鸟抓来，以后就不愁吃喝了。"

族长断然说道："鸽鹦是山里的灵鸟，我们不会去抓的。"

那群人见无法说服族长，最后只得悻悻离去。

后来，族长忽然生了一场大病，每天都噩梦连连，难以入睡。眼看着族长一天天衰弱下去，族人们商量起来："听说鸽鹦的肉可以驱走噩梦，我们不如试试。"

族里的勇士们便背上弓箭，上山寻找鸽鹦。几经波折，他们终于抓到了一只鸽鹦。族长吃了鸽鹦的肉后，果然不做噩梦了,身体很快就好了起来。

族长恢复健康后,向大家宣布:"鹖鸡救了我的性命。以后,我们部落的人再也不准伤害鹖鸡。"后来,鹖鸡还成了这个部落的图腾。

中山经

鳒鱼

休水出焉，而北流注于洛，其中多鳒（tí）鱼，状如鳌（zhòu）蜼（wěi）①而长距，足白而对，食者无蛊疾，可以御兵。

译文

休水从这座山发源，然后向北流入洛水，水中有很多鳒鱼，形貌像猕猴却有长长的像公鸡一样的爪子，白白的足趾相对着，人吃了它的肉就能驱除疑心病，还能辟兵器。

注释

①鳌蜼：一种与猕猴相似的野兽。

让人返老还童的鳒鱼

东汉末年战乱纷起，人们结伴逃避灾祸。其中有一对五十多岁的老夫妻，身体虚弱，走着走着就走不动了。

半道上，人烟稀少，只有一条河。老夫妻俩找不到食物，就想投河自尽。谁知走到水边时，妻子发现河水里有一群鱼。

妻子说："看来老天爷还没有放弃我们。我们就钓鱼来吃吧。"

两人做了一支简单的钓竿，钓起几条鱼来。这些鱼长着四条腿，看起来有些奇怪。可为了活下去，他们还是将鱼烤熟后吃了下去。

鱼肉鲜美无比，老夫妻俩吃了一条又一条。两人吃完后，走到水边洗脸，却发现自己满是皱纹的脸变得光滑紧绷，原本花白的头发也变得乌黑浓密。

老夫妻俩对视一眼，都惊叫起来："你怎么变年轻了！"

看来，这些鱼是神物啊！夫妻俩干脆在河边安顿下来。

一天，道教创始人张道陵路过这里。他肚子饿了，便向两位老人讨要了一碗汤充饥。没想到喝完之后，整个人神清气爽。道长一时颇为惊讶，老人便讲述了自己的经历，还带他去河边看了那群奇妙的鱼。

道长看着这群鱼，给它们取名叫鳛鱼，意为"送儿的鱼"。

中山经

跂踵

又西二十里,曰复州之山,其木多檀(tán),其阳多黄金。有鸟焉,其状如鸮,而一足彘尾,其名曰跂(qǐ)踵(zhǒng),见则其国大疫。

译文

再往西二十里,有座复州山,这里的树木以檀树居多,山南面有丰富的黄金。山中有一种鸟,形貌像一般的猫头鹰,却长着一只脚和猪一样的尾巴,名字叫跂踵,它在哪个国家出现,哪个国家就会发生大瘟疫。

传播瘟疫的独脚怪

跂踵长得像猫头鹰,只有一只脚,还有着一条猪尾巴。传说这种长相怪异的鸟会带来瘟疫,它一旦出现,当地就会发生大瘟疫。

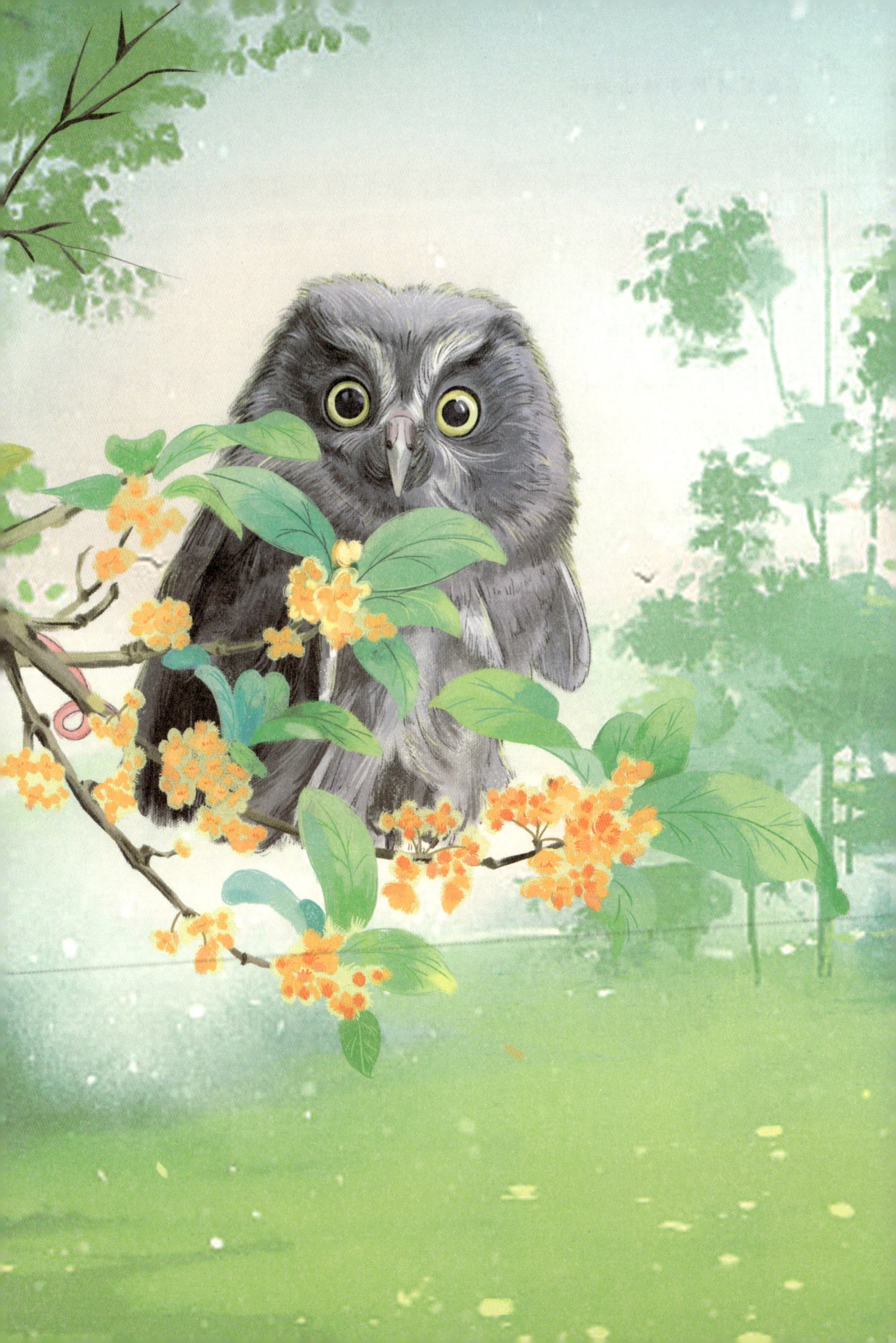

在医学并不发达的古代，人们面对瘟疫束手无策。一旦发生瘟疫，只能将病人隔离，如果瘟疫病人死去，还要将尸体焚烧，以防疫病的传播。

古时候有一位医生，他四处云游行医时，来到一个城市。当时这个城市里正流行着可怕的瘟疫，看着奄奄一息的病人，他不顾自身安危，留下来医治和照顾这些人。可瘟疫的传播速度太快了，医生只有一个人，根本忙不过来。由于日夜不停地工作，他终于病倒了。

睡梦中，一位浑身发光的神人引着他来到一条河边，只见河边站着一只独脚的怪鸟。神人告诉他："这是跂踵，正是它带来的疫病。"

医生醒来后，立刻带着人来到那条河边。只见河边果然站着一只独脚怪鸟。猎手搭弓射箭，射死了它。

医生对大家伙儿说："水源被污染了。以后大家要将水煮开后再喝，还要用艾草熏屋子。"

大家依照医生的嘱咐去做，将水烧开后才喝，又采了很多艾草，点燃后熏屋子。

果然，没多久瘟疫就被消灭了。

中山经

鸩

又东六十里，曰瑶碧之山，其木多梓（zǐ）枏（nán），其阴多青䨼（huò），其阳多白金。有鸟焉，其状如雉，恒食蜚（fěi）①，名曰鸩（zhèn）。

译文

再往东六十里，有座瑶碧山，这里的树木以梓树和楠树最多，山北面盛产青䨼，山南面盛产白银。山中有一种鸟，形貌像一般的野鸡，常吃蜚虫，名字叫鸩。

注释

①蜚：一种有害的小飞虫，身形椭圆，散发恶臭。

致命的鸩酒

皮山再往东六十里，有一座瑶碧山。瑶碧山风景秀美，远远望去，长满梓树和楠木树的丛林如烟如黛。山的北面盛产青䨼，山的南面盛产白银，这更使瑶碧山成了一

座令人神往的宝山。

可是，山里的树丛中有很多名叫蜚的毒虫。蜚长着椭圆形的身体，散发着恶臭，如果它飞到人的身上，人就会皮肤溃烂，轻则迟迟难以治愈，重则丢掉性命。山下有不少村民吃过蜚的苦头，大家谁也不敢进山。

有一个名叫益巢的村民偶然在山下见到一群漂亮的大鸟。它们长得像野鸡，体形略小，羽毛华丽，正在啄食毒蛇。益巢把这件事告诉了村里人。村中老者说："你说的这种鸟名叫鸩，它是毒蛇的天敌。"益巢觉得鸩不怕蛇毒，那一定也不怕蜚毒，他提议让鸩去灭掉蜚！

村民们都觉得有道理，大家把鸩引到山上。果然，鸩看到蜚虫就像看到了最可口的美味，狼吞虎咽地吃起来。不久，山上的蜚虫就被鸩消灭干净了。村民们终于可以放心地上山了。

有一次，村民们在山中伐木，累了就在一棵有鸩栖息的树下饮酒，酒坛中落进了一根鸩的羽毛，之后，饮酒的人全都中毒身亡了。

村民们这才知道，鸩因为吃了太多有毒的蜚虫，它们身上也聚集了大量毒素，变成了毒鸟。村民们大怒，用尽各种办法捕杀鸩。没过几年，鸩就在瑶碧山绝迹了。

于是，鸩成了一种只存在于传说中的毒鸟。那这到底是人的过错还是鸩的过错呢？

图书在版编目（CIP）数据

　　写给孩子的手绘山海经.鱼鸟篇/张芳主编.--长春：东北师范大学出版社，2022.10
　　ISBN 978-7-5681-9472-3

　　Ⅰ.①写… Ⅱ.①张… Ⅲ.①历史地理－中国－古代 ②《山海经》－儿童读物 Ⅳ.①K928.631-49

　　中国版本图书馆 CIP 数据核字 (2022) 第 182091 号

写给孩子的手绘山海经
XIEGEI　HAIZI　DE　SHOUHUI　SHANHAIJING

□主　　编：张芳	□策划编辑：张秋红
□责任编辑：张秋红	□责任印制：高鹰
□责任校对：魏昆	□总 策 划：小红帆
□封面设计：小红帆	□版式设计：小红帆

东北师范大学出版社出版发行
长春市净月经济开发区金宝街 118 号
邮政编码：130117
编辑电话：0431-84568021
邮购热线：0431-84568021
网址：http://www.nenup.com
河北赛文印刷有限公司制版
河北赛文印刷有限公司印装
涿州市刁窝镇泗平庄村平安路 8 号　(072750)
2022 年 10 月第 1 版
2022 年 12 月第 1 次印刷
幅面尺寸：170mm×230mm
印张：40
字数：338 千字

如果发现印装质量问题，影响阅读，可直接与承印厂联系调换